Terry Lynn Taylor

A Alquimia da Oração

Desperte a Sua Vida Interior

Tradução
SUZANA RIEDEL

EDITORA PENSAMENTO
São Paulo

Título do original:
The Alchemy of Prayer
Rekindling Our Inner Life

Publicado originalmente nos Estados Unidos por H J Kramer Inc.

Edição	Ano
1-2-3-4-5-6-7-8-9	98-99-00

Impressão e acabamento: Paulus Gráfica

O que é um santo? Um santo é alguém
que conseguiu tornar real uma remota possibilidade humana.
É impossível dizer o que é possibilidade.
Acho que tem algo que ver com a energia do amor.
O contato com essa energia resulta no exercício
de um tipo de equilíbrio no caos da existência.
Um santo não desfaz o caos: se assim fosse,
o mundo há muito teria se transformado.
Não acredito que um santo dissolva o caos, nem mesmo
para si mesmo, pois há algo de arrogante e hostil
na idéia de um homem que põe o universo em ordem.
Sua glória está numa espécie de equilíbrio.
Ele desliza pela neve como um esqui em disparada...
Algo nele ama de tal forma o mundo que ele se submete
às leis da gravidade e da mudança.

— Leonard Cohen

Aos nossos leitores

Os livros que publicamos
são a nossa contribuição para
um mundo emergente baseado antes na
cooperação que na competição,
antes na afirmação do espírito humano
que na falta de autoconfiança e na certeza
de que toda a humanidade está interligada.
Nossa meta é tocar o maior número
possível de pessoas com uma
mensagem de esperança
por um mundo melhor.

Hal e Linda Kramer, editores

Sumário

Introdução: O Caminho Alquímico da Oração 9

Parte Um: Templo de Oração 19

A Alquimia da Oração 21
Desperte a Sua Voz

A Alquimia da Devoção a Deus 29
"Seja feita a tua vontade"

A Alquimia dos Anjos 41
Orientação do Céu

Parte Dois: A Graça 51

A Alquimia da Gratidão 53
Graças a Deus

A Alquimia do Destino 61
Liberte o Seu Espírito, Respeite a Sua Alma

A Alquimia da Humildade 71
Honre a Sua Luz Interior

Parte Três: O Espírito Santo Interior 79
A Alquimia do Trabalho Interior 81
"Conhece-te a ti mesmo"

A Alquimia da Paz Mental 95
Para Gerar Serenidade

A Alquimia do Poder Pessoal 103
Sensibilidade Transformadora

Parte Quatro: Um Respeito Verdadeiramente Inspirado 111
A Alquimia do Comportamento Amoroso 113
Compaixão

A Alquimia de Ser Humano 125
A Experiência da Reverência

A Alquimia dos Nossos Ancestrais 133
Orações, Salmos e Versos que Inspiram

Agradecimentos 143

Introdução:
O Caminho Alquímico da Oração

O chumbo desempenhará seu papel até que o mundo
não precise mais de chumbo;
e então o chumbo terá que se transformar em ouro.
Isso é o que fazem os alquimistas. Eles mostram que,
quando nos empenhamos em nos tornar
melhores do que somos,
tudo ao nosso redor melhora também.

— Paulo Coelho

Na Terra, todo momento de nossa vida traz mudanças. Algumas dessas mudanças podem ser felizes, enquanto outras cortam o coração. De qualquer forma, as mudanças ocorrem, quer as procuremos ou não. Tentamos lidar com as mudanças de várias formas; em geral, buscando dar um aspecto de ordem à nossa vida, pois a ordem dá uma ilusão de controle. Contudo, não temos meios de saber o resultado das mudanças que a vida nos apresenta. Às vezes, as mudanças mais difíceis podem resultar nos despertares espirituais mais profundos.

Quando converso com pessoas que alcançaram uma aguçada percepção de um obstáculo em sua vida, seja emocional ou físico, pessoas que almejam uma profunda transformação, eu geralmente lhes digo: "Mudem a química." O que quero dizer com isto é que, quando alcançamos certo nível de consciência, a mudança ocorre, e podemos ajudar essa transformação se soubermos como alterar a química — o complexo de emoções, o caldeirão de reações —, fazendo com que tome uma direção nova e positiva.

A química, por definição, é o estudo científico das substâncias e seus elementos, e das suas reações ao serem combinados. A palavra *química* vem do termo medieval *alquimia*. A alquimia é a arte de transformar metais comuns, tais como o chumbo, em ouro e, ainda mais importante, é a arte do conhecimento. Conhecimento é consciência, e a consciência tem o poder de provocar uma mudança real.

O título deste livro, *A Alquimia da Oração*, veio a mim de uma maneira alquímica. Eu estava tendo muita dificuldade para saber como reunir as informações sobre a oração que eu queria compartilhar, e apresentá-las na forma de um livro. Eu rezava diariamente pedindo orientação, mas ainda me sentia incapaz de pôr minhas idéias em prática. No meu momento de maior frustração, mencionei o problema à minha amiga e irmã espiritual, Shannon. Ela me pediu para falar-lhe sobre o que eu queria transmitir no livro. Então falei sobre algumas de minhas idéias, e ela deixou escapar: "A alquimia da oração." E eu disse: "É isso!" Ao discutir os conceitos com Shannon, alguém que realmente se preocupa comigo, ao exprimir a minha frustração enquanto falava acaloradamente sobre eles, especificando-os, e por estar disposta a mudar a situação, chegamos à alquimia e a uma resposta às minhas preces diárias.

Neste livro, uso o termo *alquimia* para representar as mudanças espirituais verdadeiras que ocorrem quando rezamos. Uma vez decididos a seguir nosso caminho espiritual e a usar nosso livre-arbítrio para amar a Deus, realmente "nascemos de novo". Somos para sempre transformados alquimicamente. Quando optamos por compreender Deus e nosso lado espiritual, alcançamos a consciência da graça celestial que nunca nos deixará. Mesmo que tentemos voltar atrás e viver como antes, inconscientes do amor celestial, não o conseguimos. Nunca mais seremos os mesmos, uma vez começado o processo de despertar; não obstante, sempre seremos nós mesmos. Esse é o caminho da alquimia espiritual. Às vezes, podemos não gostar das lições que recebemos, mas freqüentemente a beleza e a alegria irão nos surpreender.

A história da alquimia fala da "pedra filosofal"

procurada pelos alquimistas, e que lhes permitiria transformar metais comuns em ouro. Esse é um símbolo poderoso. Acredito que ele represente a influência, na nossa consciência, do amor divino de Deus e dos anjos. O contato com os anjos gera essas mudanças poderosas na vida das pessoas, pois os anjos vibram num nível tão elevado que o menor intercâmbio com eles eleva a nossa própria vibração, alterando nossa consciência e nos redirecionando para a luz dourada da transformação espiritual. A pedra filosofal simboliza o instrumento para a realização das mudanças na química física e espiritual que ocorrem quando somos envolvidos pelo amor divino. Símbolos são portais para os mistérios profundos que nos cercam e trazem magia para a nossa vida. Somos responsáveis por garimpar a nossa própria pedra filosofal, que simboliza o nosso desejo de encontrar nossas raízes espirituais, a nossa verdadeira natureza.

Os metais comuns do processo alquímico representam o eu divino pouco desenvolvido, ou os elementos primitivos com os quais nascemos. Uma vez que toda a existência manifesta gira em torno da mudança, cada elemento tem potencial para se transformar em alguma outra coisa. O ouro simboliza a pureza inata e a capacidade de irradiar um brilho constante de luz espiritual. Como alquimistas, somos os ingredientes secretos mais importantes no processo de alquimia. Enfrentamos o desafio de cultivar em nós mesmos uma atmosfera que atraia e permita fazer uso da centelha divina invisível que promove a transformação desejada.

Torne-se "Consciente da Oração"

A oração é uma expressão de pensamentos, esperanças ou necessidades, dirigida a uma divindade ou Poder Superior. Pode ser um apelo sincero, um pedido solene ou um gesto de agradecimento. A oração é um componente importante em todas as tradições religiosas. Embora a oração possa assumir diferentes formas, sua essência é sempre a mesma.

Ultimamente a oração tem recebido mais atenção, e um tremendo potencial repousa nesse interesse renovado. Combinando-se esse ressurgimento da oração com o fato de a consciência angélica estar sendo novamente despertada, somos abençoados com os ingredientes para promover, em nosso planeta, uma transformação verdadeiramente positiva. Sou tomada por profunda alegria ao perceber quantas pessoas estão se voltando para a oração pela primeira vez na vida, ou retornando a ela depois de um longo afastamento.

Recentemente, uma importante revista publicou um artigo sobre a oração, que trazia algumas citações de autores famosos nas quais afirmavam que a oração pode ser usada de forma imprópria, que eles chamaram de "narcisista" e "manipuladora". Preocupavam-se com o fato de as pessoas rezarem para obter coisas que desejavam ou "simplesmente porque a coisa funciona". Embora eu esteja satisfeita com o fato de a oração ser um tema popular, não me alegra ver artigos que possam dissuadir algumas pessoas de rezar por incutir-lhes medo de "não estarem fazendo direito" ou, pior ainda, por temerem ser rotuladas de "narcisistas" caso peçam algo específico ao Grande Criador. O narcisismo é um grave estado patológico; é um problema extremamente difícil de ser tratado e, felizmente, não é tão comum quanto somos levados a pensar.

Dá para imaginar um grupo de "policiais da oração" rondando por aí e interrompendo as pessoas no meio de suas orações, dizendo: "Desculpe-me, mas você não pode pedir nada em suas orações" ou "Você está se ajoelhando de forma errada"? Eu simplesmente não posso imaginar que se interrompam os outros, dizendo-lhes que não estão rezando direito!

Pessoalmente, acho que a maior autoridade em oração é a nossa orientação interior e a consciência de que, quando rezamos, Deus é a força que nos ouve. Quando pedimos algo a Deus numa oração, quer o nosso pedido seja "narcisista" ou não, Deus permanece o mesmo, e recebemos aquilo de que precisamos no nível *espiritual*, ou seja, o que for espiritualmente adequado à nossa situação pessoal. Cada um de nós tem seu próprio relacionamento especial com Deus, de modo que nossas orações serão uma expressão desse relacionamento. Lembre-se de que os outros não precisam saber por que você reza, ou como faz isso, a menos que você assim o deseje. Comece a confiar na sua própria autoridade interior.

Pelo fato de algumas reportagens terem mostrado que a oração exerce influência na cura física e pode alterar os resultados previstos para certas situações, alguns cientistas propuseram-se a realizar estudos para verificar se isso é verdade, e como e por que acontece. Eu digo: Deixem que se divirtam! Mas a verdade é que não precisamos saber de fato exatamente por que a oração funciona; nossa alma já sabe que isso ocorre. Nosso espírito nos guia na oração e nossa mente lógica com freqüência se confunde; porém, somos mais do que a nossa mente. Sentimos, ouvimos e gravamos muito mais informações do que podemos imaginar, e somos guiados por um sistema de coordenadas superior que conhece as coisas no espaço além do tempo linear.

É possível que você se lembre dos momentos de sua vida em que pensava estar no leme do navio, em que julgava estar realmente no comando. Considere tudo o que aconteceu para fazê-lo chegar onde você está agora. Talvez você tome consciência de que também havia uma força misteriosa em ação. Assim que fizermos da oração parte constante da nossa vida, seguiremos na direção da sabedoria, iluminaremos com a nossa luz o mapa que mostra o caminho à nossa frente, e traremos Deus para perto de nós ao deixar que a beleza da nossa alma reflita a Sua luz.

Sobre Este Livro

Meu objetivo ao escrever livros é fornecer informações as quais sinto que os anjos querem que tenhamos. Você pode se perguntar como eu, Terry Lynn Taylor, sei o que os anjos querem que saibamos. Bem, não é por meio de nenhum truque mágico! É estudando a lei espiritual e observando como o meu coração reage quando medito sobre o assunto, rezo, e contemplo os anjos. Em momentos abençoados, sou contemplada com uma sensação de "saber" que eu nunca arruinaria procurando uma explicação para ela. Estou cansada de pessoas que tentam tornar tudo plano de modo que possam ver adiante. Minha paisagem favorita é aquela com picos e vales para se escalar e explorar. Não quero uma vida plana; não preciso que tudo seja explicado. Quero aprender sobre a vida com os anjos e, ao escolher esse caminho, sei que aceito todos os altos e baixos, as cores vivas, as noites escuras, as lágrimas e o riso.

Acredito que os anjos querem que saibamos como incluir a oração na nossa vida. O objetivo de uma vida espiritual é a integração e a plenitude. A oração nos leva a isso, pois ela não apenas atua nos planos externos, mas começa a nos transformar a partir de dentro. A verdade mora dentro de nós; sua luz brilha a partir do nosso centro, do nosso coração. Quando começarmos a nos sentir à vontade com as dimensões interiores do nosso ser, passaremos a nos sentir verdadeiramente plenos. A jornada interior requer tempo, paciência, esperança, gratidão e uma compreensão pessoal do Grande Criador. Depois de termos nos voltado para o nosso mundo interior e transformado o nosso chumbo em ouro, sairemos naturalmente para a luz e compartilharemos nosso amor com o mundo. Ao mesmo tempo, o fato de mantermos no coração a pura intenção de ajudar a Deus e aos anjos transforma o chumbo da tristeza do mundo em esperança e vida virtuosa.

PARTE UM

Templo de Oração

Assim na Terra como no Céu

Somos um templo sagrado,
Feito da Terra e do céu.
Nesse templo, fazemos a nossa oração
E Deus nos ouve e conhece o nosso coração.
A oração nos proporciona uma
Consciência imediata de Deus.
Nossa devoção expressa grande amor, e
Quando deixamos que o amor
Do Criador flua de nós,
Nossa vida naturalmente se expande
Numa direção celestial.
Mesmo quando nos sentimos perdidos,
Somos encontrados pelos anjos.
Os anjos nos lembram de quem somos.

A Alquimia da Oração

Desperte a Sua Voz

Os alquimistas sabiam que seu trabalho de transmutar
o chumbo da ignorância e da separação
no ouro da união seria mais bem feito se executado
calmamente, com paciência e grande delicadeza.
Assim que se abrem as janelas do coração,
a luz adentra, revelando o que antes estava
escondido na escuridão.
Discernimento, sabedoria e compaixão crescem com
a experiência da comunhão com o Divino.

— Anne Baring e Andrew Harvey

Eu adoraria iniciar este assunto com uma definição perfeita de oração, algo que fizesse tanto sentido a todos que a lessem que imediatamente largassem o livro e começassem a rezar. Não poderei fazer isso, pois a oração é algo muito pessoal e reside no campo do não-racional. A oração é um assunto que parece problemático para algumas pessoas. As que não rezam ficam bastante nervosas quando lhes pergunto sobre a oração; elas provavelmente pensam que a oração se relaciona exclusivamente com a religião. Há também as que temem a oração por terem medo de Deus.

Uma das razões por que é difícil para mim definir a oração está no fato de terem me ensinado a rezar muito cedo, e não lembro como a oração me foi apresentada. Naquela época, lembro-me de saber que Deus estava em todo lugar, e que eu conversava com Deus da mesma forma que o faria com uma árvore ou com uma roseira. Lembro-me de ocasiões em que sentia tanto amor me envolver, vindo de Deus, que meu coração ocupava todo o quintal. Parecia-me naquela época, e agora, que a oração é uma parte natural da vida, tão natural quanto a nossa capacidade de andar, falar e pensar.

Eis alguns de meus conhecimentos interiores sobre a oração:

- Rezar significa comunicar-se com o verdadeiro coração e alma do nosso Universo.
- A oração fornece um meio de estabelecer uma ligação com a fonte de puro amor.
- A oração é um combustível espiritual, é luz; e leva-nos a compreender a Consciência Universal.
- A oração proporciona uma renovação da fé, além de inspiração e significado.
- A oração é uma oferta de amor que envolve nossa mais elevada natureza.

- A oração nos permite ouvir a voz interior, a nossa honestidade mais profunda.
- A oração nos dá a chance de deixar de lado nossa posição de comando e testemunhar a Providência Divina em ação.

Gosto de pensar na oração como sendo a maneira pela qual dispomos nosso caminho, e a nós mesmos, no mapa espiritual. Imagine que cada pessoa que reza é como uma luz na Terra, brilhando como uma reluzente estrela à noite. Luz atrai luz; assim, ao rezarmos e nos colocarmos no mapa espiritual, estamos atraindo Deus da maneira mais suave. Você tem, dentro de sua alma, uma bússola que o guia sempre para seu destino e para Deus. A oração é uma das maneiras pelas quais você pode entrar em contato com as mensagens de sua alma, pois, ao rezar, você expressa sua mais profunda verdade.

Rezar é produzir "um som para o Senhor", mas não significa necessariamente falar. Significa que emitimos uma vibração de nossa luz interior, por meio de nossa "voz de oração". Essa voz é parte de todos nós, mesmo que ainda não a tenhamos reconhecido. Para as pessoas que tiveram o costume de rezar na maior parte de sua vida, essa voz é algo bastante familiar. Procure conhecer a voz em você, a voz que reza e conecta sua luz à fonte divina. Deixe-a falar, deixe-a encontrar um lar na sua consciência.

Deixe-a emergir suavemente e não tente direcioná-la. Dê-lhe tempo para revelar-se na sua graça. Peça aos anjos que o ajudem a conhecer essa voz que vem das profundezas do seu ser, das sementes de luz na sua alma.

Orar é, geralmente, uma atividade silenciosa, embora as orações também possam ser entoadas, proferidas aos brados, faladas ou pronunciadas em grupo. Podem ser escritas em forma de declarações, poemas ou pedidos. Podem ser visualizadas, expressas através da arte, ou encenadas num ritual. Existem muitas maneiras de se rezar, e há várias razões para se fazer isso. A oração pode ser um evento sério, solene; um momento para sentir de fato a dor e permitir a transformação. Contudo, você também é livre para se divertir com a oração, especialmente se tiver os anjos como parceiros da oração. Como seres humanos, temos uma gama de experiências possíveis, e a oração é um momento para honrar o que quer que estejamos sentindo.

A oração é parte essencial de uma vida imaginativa, criativa e guiada pelo coração. A oração nos afeta profundamente, e saber disso nos abre uma nova porta na imaginação. O mais interessante sobre a oração é que ela é muito prática. A oração é de fato uma terapia. Ao rezar, você se envolve num processo psíquico de cura e exercita a habilidade de resolver problemas com sua sabedoria interior. Você também programa sua mente para procurar soluções positivas, acalmar-se, e *reagir* aos fatos da vida de maneira sábia, em vez de reagir com exagero diante de qualquer situação.

Qual é a melhor e mais elevada maneira de se rezar? Se eu fosse responder a essa pergunta, estaria agindo como uma autoridade em oração, algo que não sou. Sou simplesmente alguém que sempre compreendeu a importância da oração e o quanto é essencial amar a Deus. Posso dizer que, quanto mais freqüentemente rezamos, tanto menos nos humilhamos ou imploramos pelas coisas. Muitas vezes, começamos a rezar como se fôssemos crianças suplicando algo aos pais. Chegamos então a um ponto em que reconhecemos que somos co-criadores da nossa vida, e nos tornamos participantes ativos no resultado de nossas orações.

Portanto, por que dedicar tempo à oração? Num nível mais profundo, não precisamos de fato *por que* rezamos, pois as razões são multidimensionais e podem mudar à medida que a nossa situação se altera. É melhor fazer da oração uma parte da sua vida, sem ter de analisá-la ou compreender profundamente seu mecanismo. Deixe que a oração seja uma resposta espontânea e sincera à vida. Não importando como você se sinta, apenas seja verdadeiro com Deus e comunique-se a partir desse espaço. Como Matthew Fox diz em seu livro sobre oração, *On Becoming a Musical Mystical Bear*, "A reação é espontânea (do latim *sponte*, da vontade de uma pessoa): é livre, é minha. Reagimos, *pois assim temos vontade*... trata-se simplesmente da expressão dos sentimentos profundos de uma pessoa." Ao responder a Deus, mudamos no mesmo instante a química de qualquer situação para uma vibração mais elevada, independentemente de porquês e comos.

Quando rezamos, estamos procurando a sabedoria divina, não importando o que nossas palavras ou intenções possam indicar. Não é fácil definir sabedoria, e não é fácil encontrar exemplos puros de sabedoria na vida contemporânea. Se procurarmos a sabedoria em todos os lugares comuns — na tevê, na política, no consenso, nos líderes, na cultura popular —, é mais provável que deparemos com a falta de sabedoria, em vez de exemplos verdadeiramente bons. Assim, o que constitui a sabedoria? Acho que existem alguns indicadores precisos. Por exemplo, sempre vejo sabedoria em pessoas que conseguem admitir que estavam erradas, ou que são capazes de dizer que seus pensamentos e crenças mudaram. Desagrada-me, no entanto, ver pessoas sustentando e defendendo crenças desgastadas, simplesmente pelo medo de parecer tolas se admitirem a necessidade de uma mudança. Os sábios não estão preocupados com aparências ou com o que os outros possam pensar; eles agem com base na sua verdade. É necessária muita sabedoria para ser um tolo, para empreender a jornada do tolo. Sabedoria é o ato de admitir que de fato não sabemos, e é só admitindo isso que começaremos a saber.

A oração tem um poder verdadeiramente transformador. Como afirmei na introdução deste livro, a oração muda a química de uma situação. Por meio de uma ligação constante com Deus, nos mantemos no processo de transformar nosso chumbo em ouro. Antes mesmo de começarmos a rezar, Deus e os anjos já sabem do que precisamos. Quando estamos vivendo de acordo com a Providência Divina, a oração se torna tão integrada à nossa vida desperta que nem mesmo precisamos rezar conscientemente; nossa vida se torna a nossa oração. Uma das melhores formas de pulverizar pó de ouro em nossas metas e sonhos é rezar por inspiração divina e fé, a fim de que nos guiem para a verdade, e não necessariamente para as metas em si. Em outras palavras, Deus sabe quais são as nossas metas, e com freqüência enganamos a nós mesmos, fixando-nos demais em assuntos específicos. Pois, quando somos preenchidos pela inspiração divina, temos tudo de que precisamos para levar uma vida magnífica.

Princípios da Oração

Onde Rezar

• Reze em qualquer lugar e em todo lugar. Reze sozinho ou acompanhado. Reze em casa, no carro, no parque ou numa igreja, mas, acima de tudo, reze no templo de sua própria mente.

Quando Rezar

• Reze o tempo todo, faça da sua vida uma oração. Reze conscientemente para mudar uma situação, reze quando sentir muito medo, reze quando sentir alegria e gratidão, reze quando temer pelos outros, reze quando souber que precisa de uma mudança em sua vida e reze como uma resposta à vida.

Como Rezar

• Comece a rezar e você acabará sabendo qual é, para você, a melhor maneira de rezar. Sua forma de rezar pode variar a cada dia. Há tantas formas de orar quanto o número de pessoas que existem no mundo. Simplesmente comece.

A Alquimia da Devoção a Deus

"Seja feita a tua vontade"

Não é simplesmente fazendo boas coisas
que nos tornamos pessoas boas.
É sabendo que a nossa bondade
é uma manifestação de Deus.

— Thomas Merton

Sempre me dirijo a Deus, a Mais Elevada Luz do Universo, o Criador, o Grande Espírito, quando rezo. A mais importante verdade na oração é que estamos nos comunicando com a mais alta, a mais poderosa energia do universo. Para mim, não importa se você acredita que Deus é uma folha numa árvore ou a estrela mais brilhante da noite; vou respeitar e aceitar a sua crença. Procurarei tomar cuidado para não me exceder na definição de Deus neste livro. Espero, principalmente, apresentar idéias que possam ajudá-lo a construir seus sólidos alicerces espirituais de oração, e talvez fortalecer seu relacionamento com Deus, com o Universo, com o Grande Criador.

Quando uso a palavra *Deus*, espero que você a entenda desta maneira: assim como "se vê uma única lua em todas as lagoas; em todas as lagoas, uma única lua", um único Deus — a fonte última de energia e amor divino — brilha no coração de cada pessoa, independentemente de raça, religião, lugar ou posição social. A luz divina não muda quando mudam os nomes ou os rituais; a luz é a luz é a luz. O sol muda quando sua luz se reflete em diferentes rostos? O sol permanece o mesmo, qualquer que seja o rosto. Somos os receptores da luz, e cada um de nós tem seu próprio modo de encarar a luz.

Não existe poder maior que Deus. Como afirma a Bíblia: "No início era o Verbo, e o Verbo estava com Deus, e o Verbo era Deus." O Verbo é som — a vibração a partir da qual todas as coisas são criadas, o mantra divino. O som é o ventre da Mãe Divina, a Terra. Pare um pouco e pense na idéia de que viemos de uma vibração, de um som divino. Feche os olhos e ouça o som de Deus. À medida que você for se renovando com os sons harmoniosos do Universo, comece a encontrar Deus dentro de você. Onde está o seu ponto de ligação com essa vibração harmoniosa? No seu coração? Na sua mente? Isso é algo pessoal. Você pode sentir Deus no coração ou pode senti-lo como um campo de energia que o envolve — o Deus interior. Quando deixamos que a energia de Deus vibre dentro de nós, entramos em sintonia com nosso centro espiritual.

Agora, vamos mudar o ponto de vista e considerar Deus o infinito — Deus que está acima, a força transcendental, cuja graça nos inspira a clamar ao céu, e entoar louvores com os anjos. Pense no poder de expansão do Universo. Pense na força magnífica da beleza quando as nuvens se unem ao sol poente numa sinfonia de cores. Imagine-se no cume da mais alta montanha, contemplando um mar de humanidade. Sinta no seu coração o desejo de voar com os anjos rumo aos céus, subindo através das nuvens majestosas. Comece a sentir a idéia de Deus com o Universo: o Universo perfeito, que proporciona exatamente o que precisamos e nos dota com possibilidades ilimitadas para criar e ser amor.

O centro dentro de você, onde você sente Deus, pode mudar quando você se encontra em vários espaços mentais. Por exemplo, quando você se sente como uma minúscula gota no oceano, admirado com o quanto uma vida humana pode parecer pequena, então você pode querer clamar a Deus, Aquele que tudo abrange, e pedir-Lhe que traga a energia para dentro de você, para lembrá-lo de que, não importando quantos humanos haja no planeta Terra, cada vida em particular é um milagre incrível, de grande importância. Cada um de nós tem um anjo da guarda, e o nosso anjo sussurra em nossos ouvidos, lembrando-nos de prestar amorosa atenção a Deus. Isso nos mantém no caminho rumo a Deus, e nos leva a uma sensação de completude dentro de nós mesmos. Quando prestamos atenção em Deus, nossa vida tem um objetivo e um significado profundos. Recebemos permissão para viver uma profunda experiência do divino, aonde quer que vamos.

Na Bíblia está escrito que "para Deus tudo é possível". O arcanjo Gabriel disse isso a Maria quando ela não podia acreditar na possibilidade de conceber um filho com o Espírito Santo. "Porque a Deus nada é impossível, *e* nenhuma palavra de Deus será sem poder *ou* impossível de ser realizada" (Lucas 1:37, Bíblia Ampliada). Somos parte dessas possibilidades infinitas, e as escolhas que fazemos completam o quadro. Podemos optar por criar muitos milagres maravilhosos, que tornarão o mundo melhor e nos darão uma graça sem igual. Mas, porque *tudo* é possível, isso significa que também podemos fazer mais escolhas.

O sucesso advém de criarmos o que queremos na vida, sem comprometer nossos valores ou o equilíbrio das leis naturais. No nosso âmago, conhecemos essas leis, mas às vezes resistimos a elas. Este livro não descreve as leis espirituais básicas; antes, objetiva ajudá-lo a entrar em sintonia, naturalmente, com essas leis, por meio da oração e do conhecimento de Deus, a seu próprio modo. Temos à nossa disposição uma imensa ajuda. Temos anjos para nos guiar e temos senso de humor. A oração é essencial à nossa vida espiritual. Não é somente o ato de rezar que é essencial — isso pode ser automático — mas, a arte de se comunicar com a vida, com o divino, de modo que você esteja construindo uma base sólida para que o seu espírito se eleve.

O seu coração sabe que com Deus tudo é possível. Em vez de tentar acreditar nisso e intelectualizar as possibilidades, apenas deixe que seu coração saiba disso profundamente. Deixe que seu conhecimento corra como um riacho de água pura que desce das montanhas, borbulhando desde a fonte, sempre em movimento. Lembre-se disso diariamente. Há várias maneiras de pensar sobre esta poderosa idéia: de que com Deus tudo é possível. Nos momentos em que rezar a Deus e sentir que sua fé parece estar oscilando, simplesmente lembre que Deus conhece a linguagem do seu coração. Nossa mente, nosso intelecto e o que vemos com os olhos são apenas minúsculas frações daquilo que nos rodeia. Às vezes, quando rezamos pedindo ajuda, começamos travando verdadeiras batalhas com nossa mente intelectual, que quer saber todos os comos e porquês. A fé vem com a prática e com o conhecimento de que a imaginação de Deus está muito além de qualquer coisa que nossa mente possa perceber ou controlar.

Freqüentemente, quando estamos presos num complicado dilema, como no nosso sofrimento, esquecemos que tudo na vida pode mudar num instante.

Eu provavelmente não preciso lembrá-lo de quanto é frágil a vida humana. Conheça Deus agora, enquanto você está aqui. Compreenda que você é livre para ter uma relação especial com o divino. Você não foi enviado à Terra com todas as regras claramente definidas, com todas as respostas prontas ou com todos os passos à sua frente dispostos em ordem linear. Você foi enviado à Terra com capacidades e dons definidos, sendo o mais importante deles a sua capacidade de dar e receber amor. Lembre-se de que você é uma possibilidade de Deus, que o leva em consideração quando "busca seu próprio contentamento" e libera seu espírito para ser verdadeiro com você mesmo.

Saiba que, na ampla gama de experiências e emoções humanas, às vezes sentimos Deus bem dentro de nós e, outras vezes, Ele parece fora de alcance. Não importa — Deus está sempre ali, presente, para que enviemos nossas orações. Ter Deus como base significa que, quando caímos, quando chegamos ao fundo, caímos nos braços Dele. Se a base da nossa vida é espiritual, caminhamos em solo sagrado na nossa vida diária. Mas, se não tivermos Deus como nosso alicerce, ao cair podemos aterrissar nas águas pantanosas da terra inculta. Nessas águas, ou as pessoas se afogam ou finalmente se entregam a Deus. Os budistas gostam de usar a analogia do lótus que se transforma até chegar à perfeição, a partir da lama e da escuridão de uma lagoa. Trata-se de pura alquimia: lama sendo transformada em beleza. Nunca estamos perdidos, mas quase sempre precisamos agir para que nos encontrem.

Na Bíblia está a poderosa afirmação "Seja feita a tua vontade, assim na Terra como no céu." A palavra *vontade* é definida como "a faculdade mental por meio da qual deliberadamente se escolhe ou se decide o curso de uma ação; volição; escolha; forte propósito; determinação". Usamos com freqüência a palavra *vontade* (em inglês, *will*) e a maioria de nós já ouviu que, como seres humanos, temos livre-arbítrio (em inglês, *free will*). Ter livre-arbítrio significa ser livre para fazer escolhas. Foi-nos concedido o livre-arbítrio, portanto, somos nós que escolhemos ou não amar a Deus e fazer a Sua vontade na Terra. Quando você opta por viver sua vida pelo bem do divino, você oferece a Deus um grande presente de amor.

O primeiro despertar espiritual verdadeiro que qualquer um de nós pode ter é optar *livremente* por usar a nossa vida preciosa para a glória do divino. O passo seguinte é nos sintonizarmos com a vontade de Deus, o que é de fato muito simples. O que a maioria das pessoas não compreende é que fazemos isso por amor e gratidão, e *não em virtude do sofrimento ou do medo*, e que ninguém está nos forçando a optar por fazer a vontade de Deus. Quando você escolhe viver sua vida espiritualmente a partir de um profundo amor a Deus, então você entra naturalmente em sintonia com a sua alma, com o seu espírito, com seus dons e seu propósito na vida. As dificuldades surgem quando perdemos a devoção, e devoção implica um grande amor. Se você está levando uma vida voltada para a espiritualidade e raramente tem momentos de grande amor ao Criador, algo essencial está faltando. É praticamente impossível dedicar-se a algo ou a alguém sem ter um grande amor no coração.

Levar uma vida de devoção e fazer a vontade de Deus significa que temos de ser criativos. Para ser verdadeiramente criativos, precisamos ser inspirados, pois, quando estamos inspirados, encontramos nosso modo particular de conhecer e amar a Deus. Tudo isso é muito simples, porém não é muito fácil. Esse é o motivo pelo qual muitas pessoas optam por se tornar devotas de um guru, de modo que possam aprender como se manter no caminho da devoção. Podemos optar por ser como os anjos e nos devotar diretamente a Deus, mas isso exige ação da nossa parte. Não podemos nos sentar e deixar os dias passarem, simplesmente por acharmos que tudo é vontade de Deus e que não há por que agir com relação a nada. Parte da nossa missão é orar, e isso estabelece uma comunicação com Deus.

"Seja feita a tua vontade" não significa que estamos livres de tomar decisões difíceis. Ainda precisamos viver nossa vida e resolver nossos assuntos. Lembre-se sempre de que não precisamos tornar nossa vida infeliz para amar a Deus. E, se nos sentirmos infelizes por estarmos voltados para as coisas do espírito, estamos nos esquecendo de amar e de viver com alegria. Quando deixamos que o amor energize a nossa vida, passamos a sentir paixão e uma profunda conexão com a vida aqui na Terra.

Em nosso grande amor e devoção a Deus, é importante não ficarmos presos aos costumes mundanos, nem nos aborrecermos com aqueles que não optaram por amar a Deus. Alguns parecem separar a vida espiritual de sua vida "diária". Outros pensam que ser religioso significa ter de converter as outras pessoas e tentar mudar a vida delas, enquanto mudam a própria. Fazemos melhor concentrando-nos no nosso trabalho interior, cultivando Deus dentro de nós e evitando sair à procura do diabo nos outros. Podemos reverenciar a presença de Deus em cada alma que encontramos. Podemos honrar a divindade dentro de cada pessoa, mesmo daquelas que temos dificuldade de amar. Basicamente, a vontade de Deus será feita, pois não há poder maior. Nossa tarefa é optar livremente por ficar desperto e ajudar Deus. Dessa forma, as decisões tomadas universalmente recebem a colaboração das pessoas que amam a Deus.

Quando rezamos e pedimos que algo seja feito pelo "bem maior de todos", isso de fato significa que aceitaremos e deixaremos que a vontade de Deus seja feita. Não tentaremos determinar o resultado e, mesmo que não o compreendamos, nós o aceitaremos. As pessoas mudam tanto à medida que evoluem que não tem sentido fazer as coisas de acordo com o que *nós* possamos considerar o bem maior naquele determinado momento. A questão é compreender exatamente o que significa pedir pelo bem maior.

Oração de Devoção

• A oração é a melhor forma ritualística de mostrar nossa devoção. A devoção — grande amor — requer ação. Escolha uma das orações do último capítulo, "A Alquimia dos Nossos Ancestrais", ou qualquer outra oração extraída de uma fonte que lhe agrade e que lhe fale ao coração, e faça essa prece todas as manhãs, como parte de sua devoção ao Grande Criador, que é amor supremo.

• Uma maneira amável de mostrar sua devoção a Deus é falar com Ele como se fosse o seu melhor amigo. Conte-lhe todos os seus medos, suas esperanças e seus sonhos, e como você se sente com relação à vida a cada dia ou a cada hora. De vez em quando, seja criança; isso lhe fará bem. Estabeleça um diálogo contínuo com Deus. Ele nunca está longe, e o fato de deixarmos a nossa criança interior conversar com Deus nos ajuda a pôr muitas coisas numa perspectiva diferente, o que, por sua vez, cria a possibilidade de ocorrer a alquimia.

• Quando perguntaram a Jesus qual era o maior de todos os mandamentos das escrituras, ele respondeu: "Amarás o Senhor teu Deus de todo o teu coração, de toda a tua alma, e de todo o teu pensamento. O segundo é semelhante a esse: 'Amarás a teu próximo como a ti mesmo'" (Mateus 22:37-39). A cada dia, nas pequeninas coisas, ponha em prática esses dois mandamentos mais importantes.

A Alquimia dos Anjos

Orientação do Céu

Como é maravilhoso
ninguém precisar esperar um único instante
antes de começar a melhorar o mundo.

— Anne Frank

Às vezes nos perdemos e nos recusamos a pedir uma orientação. Todos sabemos que continuar na direção errada só pode tornar as coisas piores. Quando estamos nos sentindo perdidos na vida, podemos contar com a ajuda dos anjos para nos apontar a direção certa. Tudo que precisamos fazer é parar e perguntar. Não há necessidade de nos censurarmos por nos perdermos. Na verdade, perder-se, às vezes, pode ser muito importante. Pode nos ajudar a encontrar a verdadeira humildade pela primeira vez; pode nos ajudar a tomar consciência dos caminhos dos anjos. Está escrito: "Pois em teu favor Ele ordenará aos seus anjos que te guardem em todos os teus caminhos" (Salmo 91:11). Sempre recebemos ajuda espiritual quando precisamos, desejamos ou pedimos por meio de nossas orações.

Os anjos são companheiros naturais de oração. Eles adoram nossas orações. Rezar faz dos anjos parte verdadeira do nosso caminho espiritual, pois eles ouvem nossas preces e sabem o que estamos pedindo a Deus. Um ponto importante a lembrar é que não rezamos *para os* anjos; contudo, podemos rezar *com* os anjos. Os anjos são de fato "mensageiros de Deus", e podem dar asas às nossas orações, levando-as para Deus, para o reino infinito onde tudo é possível. Os anjos são, com freqüência, a resposta para as nossas orações. Uma boa maneira de se dirigir ao seu anjo, se ainda não tiver sido transmitido a você um nome específico, é chamá-lo de "Querido Guardião".

Os anjos são importantes para a oração. Quer tenhamos consciência disso ou não, eles estão constantemente trabalhando sob o comando de Deus para atender às necessidades daqueles que rezam. Por menor que o pedido possa nos parecer, no céu ele é importante. Entretanto, para ser atendido, o pedido deve ter um propósito espiritualmente sintonizado, o que significa que ele precisa vibrar com o que o céu tem a oferecer. Se rezamos por coisas mundanas ou por maneiras de manipular os outros, não obteremos a ajuda dos anjos, pois eles não podem vibrar numa freqüência tão baixa assim. Pedidos cujas intenções são mesquinhas, manipuladoras e egoístas não são, na verdade, orações.

Para ter os anjos na nossa vida, precisamos acolhê-los procurando desenvolver e praticar as coisas com as quais os anjos vibram em harmonia. Para deixar que os anjos dancem na nossa consciência, precisamos proporcionar uma pista de dança na qual eles possam se expressar. Os anjos vibram numa freqüência bastante elevada, e simplesmente não podem favorecer qualquer vibração de natureza inferior, como a cobiça. Beleza, oração, gentileza e simplicidade, quando praticadas com um coração amoroso, permitem que recebamos energia co-criativa dos anjos, de forma direta. Uma vez que passemos a fase de encantamento com relação aos anjos e seus poderes surpreendentes, podemos progredir até o último estágio da consciência angélica, onde podemos optar por usar nosso livre-arbítrio e nosso dom da vida para amar a Deus e ajudar os anjos a criar e preservar as belas qualidades da vida.

Nos últimos tempos, a imprensa tem falado muito sobre os anjos, dando grande ênfase às circunstâncias impressionantes que envolvem as experiências das pessoas com os anjos. A angelologista K. Martin-Kuri afirma: "Um aspecto inerente ao trabalho com os anjos é que o tempo todo concordamos em mudar. Essas transformações que os anjos realizam nas pessoas são muito mais importantes do que aquelas intervenções angélicas do tipo 'prevenir acidentes de carro', que atraem a atenção de toda a imprensa." No fundo do coração, sabemos que milagres acontecem, e que há outros mundos que não vemos. Não precisamos ser convencidos de que existem anjos. Para acreditar neles, não precisamos de "provas", tais como "incríveis" relatos de anjos que param trens ou salvam pessoas de derrapagens perigosas. É claro que um anjo pode parar um trem ou livrar um carro de uma derrapagem, se essa for a vontade de Deus, pois para Deus tudo é possível — *tudo* — e os anjos são extensões de Deus. Só precisamos *saber* que os anjos estão sempre conosco, que, em nosso coração, conhecemos tantas coisas que não precisam ser explicadas, mas apenas testemunhadas e vividas. Para muitos de nós, a experiência que temos dos anjos é sutil, não dramática, e tudo o que precisamos fazer é tranqüilizar nossa alma, aprimorar nosso espírito e acreditar que eles estão conosco.

A teoria é algo que usamos para nos ajudar a entender os fenômenos. As teorias não precisam ser "provadas" e comprovadas para serem úteis. Podemos usar as teorias simplesmente como um meio de estudar e pensar. Neste livro, com freqüência, irei compartilhar uma de minhas "teorias" com você, e espero que você experimente integrá-la à sua própria teoria ou descartá-la, caso ache que não se adapta a você. Uma teoria que gosto de considerar é a de que, quando vibramos numa freqüência suficientemente alta, e irradiamos luz e amor, numa determinada intensidade, tornamo-nos invisíveis a outras formas de vida que estejam vibrando numa freqüência mais baixa. Os anjos vibram na freqüência do amor divino, que é a mais alta vibração do Universo, a mais elevada onda de luz que há "lá fora". Esse é o motivo pelo qual não vemos os anjos com nossos olhos físicos; eles estão vibrando acima do espectro físico da luz. Deus é a fonte última de toda luz e amor. Não podemos esgotar essa fonte infinita e, quando nos alimentamos do amor divino, mais amor é criado para todos os envolvidos. Quando optamos por vibrar com o amor, reabastecemos e fortalecemos com luz o mundo ao nosso redor. Confiar em Deus e nos anjos nem sempre é a coisa mais fácil do mundo. Há uma antiga história sobre Moisés e uma energia chamada *O Verde* que ilustra isso. Moisés encontra *O Verde* no deserto e começam a viajar juntos. *O Verde* conta a Moisés que tem algumas tarefas a cumprir, e que teme que Moisés não seja capaz de testemunhar esses feitos sem julgá-los com indignação. *O Verde* diz a Moisés que, se este não puder confiar nele sem fazer julgamentos, terá de partir. Moisés concorda em confiar nele e em não julgar, uma vez que sente que está na presença de um grande mestre e não quer que *O Verde* se vá. Ao prosseguir viagem, acabam por encontrar uma vila de pescadores, onde *O Verde* começa a afundar todos os barcos pesqueiros dos aldeões. Moisés fica bastante aborrecido com isso, mas lembra-se do acordo de não julgar e nada diz. Em seguida, chegam a uma casa em ruínas, que pertence a dois jovens devotos que moram do lado de fora dos muros que cercam uma cidade de descrentes. *O Verde* sobe no muro da cidade, que está caindo, e o restaura, mas ignora a casa dos dois devotos. Mais uma vez, Moisés fica perturbado e confuso, mas se mantém quieto, como havia combinado. Eles prosseguem a viagem juntos, e *O Verde* continua fazendo coisas que incomodam Moisés. Por fim, Moisés vê algo tão intolerável que não consegue mais se abster de fazer um comentário e julgar a situação. *O Verde* precisa então deixá-lo, mas não sem antes contar a Moisés por que agiu daquela forma. Com relação aos barcos de pesca que afundou, *O Verde* diz a Moisés que sabia que piratas estavam a caminho para roubar os barcos e, afundando-os, ele de fato evitou que fossem roubados. No que se refere aos dois fiéis, *O Verde* restaurou o muro da cidade dos descrentes para evitar que os devotos ficassem pobres, pois toda sua fortuna estava enterrada sob os muros da cidade e prestes a ser revelada e roubada. Assim que *O Verde* se foi, Moisés percebeu que tudo o que julgara ruim e intolerável era, na verdade, fruto do amor e da compaixão.

Acho que essa história descreve a nossa jornada com os anjos. Para caminhar com eles, precisamos estar despertos e atentos. Isso significa que testemunhamos muitas coisas as quais simplesmente não podemos acreditar que Deus permitiria. Deus nem sempre as explica para nós da forma como fez *O Verde*; assim, nos momentos em que estamos prestes a perder a fé, temos de continuar acreditando. Isso também provoca em nós muitas perguntas interessantes e difíceis. Espera-se de nós que ponhamos fim a uma situação ruim? Quando procuramos fazer uma análise cuidadosa e temos o hábito de rezar acredito que podemos saber quando devemos intervir. Por exemplo, se você se encontrasse numa situação em que vê alguém sendo ferido, e você pudesse pôr fim a isso ou pedir ajuda, tenho certeza de que faria isso, e *O Verde* ainda estaria com você. A história de Moisés e *O Verde* serve para ilustrar com que freqüência julgamos Deus e os anjos prematuramente, rotulando situações como más antes de termos conhecimento do quadro como um todo. Como é possível que o panorama geral não nos seja explicado antes de deixarmos o corpo físico, precisamos acreditar e ter fé para continuar em frente. Conseguimos chegar mais facilmente a esse estado de confiança e fé por meio da oração que é feita com perseverança.

Os anjos fazem tanto por nós, que nem sempre temos consciência disso. Nossa parte no acordo é perceber isso e demonstrar gratidão, mesmo pelas coisas que os anjos fazem por nós e que não podemos ver. Podemos mostrar nossa gratidão de muitas formas criativas. Sempre é possível tornar nossas orações uma ação ou um ritual. A angelologista K. Martin-Kuri sugere: "Ponha algumas flores na sua casa, de modo a formar um elo de amor, ou ouça uma bela música. Toda vez que você vir ou ouvir algo de belo, ofereça conscientemente isso aos seus anjos para que o distribuam. Você pode transformar uma experiência em energia que, por sua vez, pode ser posta aos cuidados de seu anjo e usada."

Sugestão de Oração para a Consciência Angélica

• Faça esta oração para Deus à noite, antes de se deitar:

Querido Deus,

Dê-me força interior para mudar a todo momento e me transformar quando necessário, de forma que eu possa ser uma poderosa força de amor neste planeta.

Obrigado pelos anjos que estão sempre comigo. Por favor, guie-me através de minhas experiências, para que eu saiba como elevar minha vibração, para estar em maior sintonia com os anjos.

Por favor, ajude-me a não julgar ou "tirar conclusões precipitadas" quando na vida eu vir coisas que não compreendo, incluindo a minha própria dor.

Obrigado pela paz que está sempre disponível no

meu coração. Obrigado pela consciência de que, com os anjos, os milagres acontecem diariamente, pois com você, Senhor, tudo é possível.

• Crie você mesmo uma oração semelhante, que inclua Deus e os mensageiros de Deus, os anjos.

PARTE DOIS

A Graça

O Beijo do Amor Divino

Os anjos cantam docemente a gratidão
Lembrando-nos de nosso maior dom.
Um coração agradecido nos entrega à graça,
E sem medo cumprimos nosso destino.
Quando conhecemos e confiamos
Na situação como um todo,
Quando nos lembramos de Deus e dos anjos,
Brotamos do solo da verdadeira humildade.
Graça, destino e humildade
São as águas sagradas
Que para sempre alimentam nossa alma.

A Alquimia da Gratidão

Graças a Deus

Gratidão pela abundante riqueza da vida,
mesmo em épocas difíceis e tumultuadas,
é o elo essencial da comunicação com Deus.

— Joe Kelly Jackson

Até agora, ao longo do caminho alquímico da oração, falamos sobre a oração usando-a como uma devoção a Deus, e reconhecendo que Deus tem legiões de ajudantes espirituais — os anjos — para ajudar a nos guiar em todos os nossos caminhos na Terra. Os anjos tornam nossas orações possíveis. Eles estão constantemente trabalhando com Deus e, quando rezamos, permitimos que o bem maior se realize com a ajuda dos anjos. Orações de agradecimento abrem a primeira porta alquímica que leva à graça divina. Por meio da graça, compreendemos nosso destino e passamos a saber que, com a oração, podemos chegar a uma profunda compreensão do nosso caminho especial na vida. Para ser verdadeiros alquimistas, precisamos conhecer o poder sagrado da humildade. Começamos a compreender esse poder conhecendo, sentindo e praticando a gratidão.

A palavra *grato* vem do termo latino *gratus*, que significa agradável e agradecido. Desse termo latino também derivam as palavras *congratular, graça, gratificação, gratificar* e *grátis*. O que de fato significa ser grato? Sabemos que significa algo, ficar satisfeito com um acontecimento ou perceber que recebemos algo sem nenhum custo — grátis. A palavra *apreciar* significa ter consciência da qualidade ou do valor de algo, valorizar bastante, aumentar o valor ou o preço, tratar com carinho, prezar e ter em grande estima. Quanto você aprecia a si mesmo e a esse dom da vida? Você já passou por momentos de profunda gratidão pela graça do amor de Deus, inestimável e gratuita?

Pare um pouco de ler e comece a ser grato por todas as coisas maravilhosas ao seu redor. Faça deste momento de gratidão uma oração e, à medida que agradece o Grande Criador por cada coisa, ame conscientemente aquilo pelo qual você é grato. Se você não está acostumado a perceber as coisas boas da sua vida, pode ser que você descubra que tem de começar devagar; mas não se preocupe se esse processo parecer difícil. Um dos mais poderosos instrumentos da alquimia espiritual é mudar sua atitude para uma postura de gratidão. Às vezes, quando quero mudar a química do meu processo mental a fim de criar uma atmosfera para escrever, começo uma oração agradecendo a Deus por tudo o que vejo ao meu redor. Agradeço a Deus pelas roupas que estou vestindo, pelos livros espalhados à minha volta, pela beleza dos raios coloridos que me rodeiam, pelo alimento que me dá energia e pelo meu corpo, que me permite experimentar a dimensão física da vida. Depois, começo a agradecer a Deus por todas as frustrações e obstáculos que me bloqueiam pelos transtornos e impedimentos em minha vida. Faço isso porque sei que esses são grandes mestres que terminarão por me proporcionar uma visão mais clara da vida.

A alquimia da gratidão acontece quando começamos a apreciar de fato o dom da vida. Quando pudermos abarcar toda a experiência de sermos humanos nesta Terra verdejante de Deus, a gratidão será a nossa resposta de devoção. Os budistas tibetanos acreditam que a vida humana é uma árdua oportunidade de se evoluir e de se aprender a maneira correta de se viver. Se uma vida humana for desperdiçada irrefletidamente em meras atividades ligadas à sobrevivência, a possibilidade de se atingir a iluminação no futuro será extremamente remota. Buda disse: "Uma vez que a vida humana tenha sido perdida, será tão difícil encontrar outra quanto é para uma velha tartaruga cega, que vive no grande oceano e que vem à superfície a cada cem anos, enfiar por acaso o pescoço num solitário cambão dourado que flutua sem rumo no vasto oceano."

Praticar a arte da gratidão alquímica significa que, *conscientemente*, optamos pelo amor. As coisas que amamos conscientemente prosperam. Quando demonstramos nosso amor pelas crianças, elas se sentem valorizadas e queridas, e prosperam. Quando amamos o lugar onde vivemos, nós o tratamos bem e ele se torna magnífico, não importando as circunstâncias. As plantas e os animais de estimação vicejam quando os amamos. O amor nos faz crescer fortes, sustentados pela Luz Divina. Podemos incorporar essa prática em qualquer aspecto da nossa vida. Por exemplo, se você quer que seu cabelo cresça forte e saudável, comece a amá-lo e a ser grato por ele; depois, faça uma oração de agradecimento. Ame o seu corpo conscientemente e você verá mais beleza irradiando de você. Se você ama o dom da vida em você, seu tempo aqui na Terra será usado com sabedoria e você se tornará um retrato da divindade.

A gratidão é uma conseqüência natural de todo esse amor. Se amamos, agradecemos a Deus e aos anjos. As palavras "Obrigado, Senhor" podem se tornar uma poderosa prece quando provêm do coração. Essas palavras podem ser um mantra que você usa o dia todo. A oração "Obrigado, Senhor" atrai o miraculoso de uma forma que nenhuma outra é capaz, simplesmente porque você estará na posição — a disposição mental consciente — de reconhecer o miraculoso. Se você tem dificuldade em sentir gratidão, não seja severo demais consigo mesmo, e não se esqueça de pedir ajuda aos anjos. A gratidão irradia uma vibração sutilíssima que entra em sintonia diretamente com a vibração dos anjos. Quando você procura atingir essa vibração, sua busca alerta os anjos e eles começam a ajudá-lo a transformar seu coração.

Nosso coração se expande quando somos gratos e demonstramos isso. A gratidão é algo que ganha força quanto mais a praticamos. Ela forma a base para a alquimia espiritual, pois quando o nosso coração nos inspira uma resposta de gratidão, isso pode alterar, quase que de imediato, a própria química da nossa mente. Costuma-se dizer que a alegria nasce da dor. Para transmutar a dor em alegria, precisamos que a gratidão esteja viva no nosso coração. A gratidão também pode provocar uma mudança alquímica na preocupação. Se você está preocupado com algo, entregue essa preocupação a Deus em ação de graças. "Não tenhais cuidado de coisa alguma; mas com muita oração e rogos, com ação de graças, sejam manifestas as vossas petições diante de Deus" (Filipenses 4:6).

Maneiras de Praticar a Gratidão Criativa

• Há alguns anos, minha amiga Shannon costumava pôr música clássica para tocar e cantava a frase "Obrigada, Senhor" junto com a música. Ela me incentivou a fazer isso também, e de vez em quando, ao ouvir uma bela música, essas palavras me vêm com força à mente e enchem meu coração de alegria. Experimente!

• Tenha um diário ou uma pequena caixa onde possa guardar todos os seus agradecimentos. Anote todas as coisas pelas quais você é grato a cada dia. Quando houver alguma coisa pela qual você não é grato, agradeça-a a Deus assim mesmo, com a intenção consciente de alterar a sua química. Mais tarde, talvez você queira escrever sobre o que aconteceu. Então, leia periodicamente sobre as suas transformações com relação à gratidão.

• Comemore o dia de Ação de Graças uma vez por mês. Celebre essa ocasião e, ao longo do dia, telefone para todas as pessoas que você ama e agradeça-lhes por fazerem parte da sua vida. Minha amiga Kleo me telefonou na última celebração de Ação de Graças que fez para me agradecer por fazer parte da sua vida, e esse gesto amoroso criou uma química muito especial, que podemos criar sempre que quisermos.

• Faça uma pequena meditação sobre a gratidão. Visualize a si mesmo e a sua beleza, e agradeça a Deus por sua luz interior ser recarregada alquimicamente com amor. Deixe que Deus saiba que você está disposto a viver uma vida miraculosa. Saiba que milagres acontecem toda vez que o amor é expresso na sua verdadeira vibração. Lembre-se de que na essência de qualquer questão está o simples fato de que o amor é a cura.

A Alquimia do Destino

Liberte o Seu Espírito, Respeite a Sua Alma

Nosso destino nos vem do futuro.
Há, obviamente, todos os efeitos do passado —
hereditariedade, memória, condicionamento,
aptidões e capacidades —
e também estes atuam fortemente na nossa vida.
Os anjos, entretanto, estão em primeiro lugar, preocupados
com o nosso futuro, tanto individualmente quanto com
o futuro da humanidade e o futuro do planeta.
Trabalhar com os anjos implica aprender a interessar-se
pelo que ainda não está presente, mas que está por vir.

— Robert Sardello

Se tudo está predestinado a acontecer de uma maneira ou de outra, por que devemos nos dar ao trabalho de rezar? Quem controla o nosso destino? Nós? Ou será que tudo já foi preestabelecido e cabe a nós simplesmente ir completando o quadro? Sinceramente, essa é uma pergunta ridícula que só pode ser respondida por Deus, mas isso não significa que não podemos especular ou propor teorias. Minha teoria, ou minha maneira atual de responder a essa pergunta tem a ver com a diferença entre alma e espírito.

Na primeira vez em que encarei com "seriedade" o meu caminho espiritual, voltei-me para o espírito, o que significa que quis transcender todas as coisas mundanas e baseadas no ego. Por meio da meditação, da visualização e da oração, tentei me elevar acima de mim mesma e me ligar com o estado unitivo de Deus ou consciência coletiva. Eu pensava realmente que, fazendo isso, não teria nenhum dos problemas e tribulações que a vida diária punha no meu caminho. A vida seria feliz e livre dos conflitos humanos.

O que de fato aconteceu foi que deparei com novos conflitos e problemas que pareciam ainda maiores, pois eu achava que, do ponto de vista espiritual, eu estava fazendo tudo como devia ser feito. Em vez de mais leve, minha vida parecia mais difícil. Continuei rezando e meditando. Um dia, de uma forma bastante simples, sem o toque de clarins ou trombetas, os anjos me enviaram uma mensagem que mudou tudo. Enquanto eu estava sentada lendo, na minha busca pela iluminação, deparei com uma citação de G. K. Chesterton: "Os anjos podem voar porque se consideram leves." Essa pequena afirmação atingiu minha consciência como uma explosão de luz; a sala onde eu estava sentada pareceu de fato mais iluminada. Larguei o livro que eu estava lendo e permaneci com essa nova sensação. Duas coisas muito importantes me ocorreram. Primeiro, compreendi que eu estava levando meu estilo de vida muito a sério e não respeitando o lado mais leve, mais divertido de Deus. Segundo, percebi que eu estava me esquecendo de que os anjos são nossos ajudantes espirituais na vida. Quando trilhamos um caminho espiritual, seguimos na companhia dos anjos. Eu sempre acreditara em anjos, mas agora tinha uma idéia mais ampla do que os anjos realmente fazem.

Junto com essa minha visão ampliada dos anjos e do humor divino, veio uma apreciação mais profunda da vida na Terra e da importância da alma. Para mim, a alma representa a nossa âncora nesta vida — a nossa ligação e o nosso "destino". Ironicamente, os anjos, que podem ser considerados puro espírito, me ajudaram a encontrar minha alma e a reconhecer a importância de ser humana. Tanto o espírito quanto a alma são importantes, e às vezes parecem estar em conflito. No entanto, isso não acontece quando aprendemos a respeitar a ambos. Cada um de nós precisa fazer isso à sua própria maneira, pois o caminho de cada ser humano é único.

Assim, mais uma vez defrontamos com a idéia de destino *versus* livre-arbítrio. Há certas coisas que a alma está programada para viver. Algumas explicações para isso baseiam-se na reencarnação, na astrologia, ou na experiência única do nosso próprio DNA, codificado com mensagens de nossos ancestrais. As explicações não são o mais importante. O que vale é o reconhecimento de que sua alma tem a chave do mistério que o faz ser arrastado pela vida, posto diante de inúmeras situações assombrosas para algumas das quais você tem certeza de que não se candidataria.

O espírito representa o nosso livre-arbítrio, a idéia de que não estamos presos a algum destino em particular ou a um determinado modo de ser. Por meio do espírito, podemos nos elevar para fora da "roda do karma". Se nos esforçarmos demais para ir além de nossa alma, além de nossa ligação com a vida, usando nosso livre-arbítrio para evitar as lições, isso gerará um desequilíbrio. Em outras palavras, embora "criemos" o nosso próprio destino por meio da nossa atitude e das escolhas que fazemos, há certas coisas que estamos aqui para experimentar. As experiências da alma nem sempre são encantadoras e, às vezes, perguntamo-nos por que precisamos passar por essas provações. Porém, com o tempo, acumularemos uma grande verdade a partir da experiência e, então, contaremos com nossa determinação para seguir numa direção positiva. Determinação demais traz esforço demais. Excessiva complacência, entretanto, pode nos fazer sentir como uma "vítima" da alma, da vida. Como sempre, é preciso que haja integração e equilíbrio, o que conseguimos por meio da oração.

Cada vida é como uma grande aventura. Algumas

aventuras são evidentes, como a vida do personagem cinematográfico Indiana Jones. Outras são mais sutis, mais tranqüilas. Mas não importa quem sejamos, estamos todos numa grande aventura. Entre as palavras usadas para definir *aventura* estão "uma tarefa arriscada; uma experiência desafiadora; uma busca; uma experiência incomum e emocionante; uma fuga". A palavra *fuga* tem a mesma origem da palavra *fugir*. Se um peixe passa todo o seu tempo dentro da água, tem como saber que existe algo mais? Todos já ouvimos a expressão "*seguir com a correnteza*", embora ultimamente os dizeres "Só os peixes mortos se deixam levar pela correnteza" tenham aparecido em camisetas e *posters*. Na primeira vez em que ouvi essa frasezinha tola, isso foi bastante libertador para mim. Comecei a refletir sobre a idéia de que, se vamos sempre com a correnteza, somos como peixes mortos. Nosso espírito morre quando nos limitamos a nos sentar e esperar, engolindo tudo sem questionar, acomodando-nos a tudo, de papo para o ar, indo para sabe Deus onde. Pouco tempo depois de ouvir esse ditado divertido, fui pescar usando anzóis com formato de moscas pela primeira vez. No meio de um dos mais belos riachos do mundo, além de aproveitar bastante, me peguei observando calmamente como de fato os peixes descem o rio. Eles *não* se deixam levar pela correnteza. Movem-se rapidamente em várias direções, nadam através das correntes, examinam tudo e, de vez em quando, mordem a mosca errada!

Às vezes, nesta nossa aventura chamada vida, precisamos sair — fugir — desse rio do ditado e ver como é a terra. Em algumas ocasiões podemos guiar outras pessoas até lá também. É nesse momento que a jornada se torna de fato emocionante, pois estamos nos aventurando em território inexplorado. Nem mesmo um peixe morto, estando na terra, pode ir com a correnteza. Portanto, precisamos estar despertos e atentos, e saber que temos guias interiores e um anjo da guarda. E precisamos falar com o Grande Criador por meio da oração, para que Ele nos ajude a escolher as ações corretas — a ir na direção do verdadeiro desejo do nosso coração. Tudo isso é assunto para se pensar; por isso vou deixá-lo aqui em terra para que com o seu próprio espírito de aventura você brinque com esse conceito.

Às vezes eu acho que estou pregando uma peça em mim mesma quando digo que fiz certas escolhas com base nos acontecimentos e, então, olho para trás e parece que algo mais em minha vida estava fazendo escolha por mim. Sugiro que talvez atuemos em diferentes níveis da psique, os quais não estão no primeiro plano da nossa consciência desperta. Assim, uma parte da nossa psique pode nos guiar para situações favoráveis ao nosso crescimento, ou nos afastar de situações que afirmamos querer, mas que não nos seriam de fato adequadas. Acredito firmemente que existem em nós certos padrões e que estamos aqui na

Terra para mudá-los; e esses padrões também refletem a psique coletiva. Também acredito que existem padrões herdados, com os quais nascemos, e que podemos mudar para criar um futuro melhor. Nesses assuntos, não podemos ser peixes mortos, pois os padrões são difíceis de serem alterados; são como fortes correntes contra as quais precisamos nadar. O aspecto mais desafiador da nossa grande aventura é fazer aquilo de que nos incumbiram ao virmos para cá. O maior presente é podermos ter momentos de verdadeiro prazer, de êxtase e de profundo amor, mesmo enquanto solucionamos problemas e aprendemos lições, porém, só se estivermos realmente despertos e fazendo nosso trabalho interior.

Comecei este capítulo com a pergunta "Se tudo está predestinado" a acontecer de uma maneira ou de outra, por que devemos nos dar ao trabalho de rezar? A resposta para qualquer pergunta de ordem espiritual, na minha opinião, está relacionada com o amor. O amor sempre é a graça que nos salva e a nossa verdadeira razão de existir. Para amar "corretamente", precisamos de uma ajuda extra do Grande Criador do Amor. Conseguimos isso rezando pela mais elevada forma de agir, de amar. Com freqüência, somos inclinados a rezar para que "coisas ruins parem de acontecer a pessoas boas". Essa é uma causa nobre, mas nem sempre funciona e pode nem sempre estar certa, ou ser de fato para "o bem maior", pois aquilo que achamos que é ruim para alguém pode, na verdade, fornecer o gatilho para a transformação espiritual dessa pessoa — algo pelo qual a alma dela precisa passar para se desenvolver. Sendo assim, o que fazer numa situação em que sentimos que precisamos mudar o destino? Primeiro, sugiro que rezemos para que a vontade de Deus seja feita. E depois, em segundo lugar, podemos usar as palavras "Se for a ação correta, rezo para que..." Esse ponto relaciona-se com outro que tem muito a ver com o modo de ajudar as pessoas — ou a nós mesmos.

O destino humano é um assunto intrigante porque há muitas variáveis que nos influenciam ao longo do nosso caminho. Essas variáveis incluem outras pessoas, decisões importantes, o clima, influências históricas e assim por diante. É possível que não esteja ao nosso alcance compreender por completo o que pode estar predestinado a acontecer, ou por que, mas caso se queira tentar fazer com que algo diferente aconteça, isso é um assunto para a alquimia da oração. O destino muda quando transformamos nosso chumbo em ouro. Quanto mais ouro acumularmos na nossa consciência, tanto mais conscientes seremos do trabalho que fazemos para Deus. E esse trabalho para Deus é fruto de um profundo amor.

Toda vez que uma pessoa se arrisca a amar profundamente, uma nova "marca" se imprime no universo, e outras pessoas podem usá-la para direcionar suas experiências de amor profundo. Quando essas pessoas ampliam a "marca", mais amor é criado para todos. Esse é um conceito difícil de explicar ou seguir, mas sei que é verdadeiro. Cada um de nós tem a oportunidade de produzir um efeito positivo e importante na alma do mundo, quando escolhemos compartilhar o nosso amor da maneira mais criativa possível. É por isso que a oração é tão eficaz; ela envia ao universo uma forma-pensamento que abre caminho para a realização do bem maior. Também acredito que, quando duas pessoas assumem um compromisso de amar uma à outra e de se aprofundar na essência do amor, elas estão abrindo o caminho para que outros possam seguir por ele. Como o mestre de Paramahansa Yogananda disse certa vez, "Quanto mais profunda a auto-realização de um homem, mais ele influencia todo o universo por meio de suas vibrações espirituais sutis, e menos ele sofre os efeitos do curso dos fenômenos".

A Compreensão do Nosso Lugar na Evolução do Cosmo

• Cada momento é uma decisão coletiva que envolve nós e Deus. O futuro do planeta e todos os vários aspectos da vida na Terra exigem que façamos o melhor possível e que rezemos. Ao rezar, independentemente do conteúdo das orações, estamos ajudando a evolução. É melhor sermos verdadeiros do que sermos "corretos", mas falsos. Estamos aqui para evoluir. Portanto, seja você mesmo, esforce-se para conhecer a vontade divina e, então, ofereça suas sinceras orações a Deus. Lembre-se de ouvir as respostas.

• Quando você está num impasse em sua vida, quer se trate de um relacionamento, quer seja uma questão espiritual, reze para Deus e peça para que lhe seja mostrada a melhor maneira de amar.

A Alquimia da Humildade

Honre a Sua Luz Interior

A sobrevivência do homem depende de sermos
suficientemente corajosos para encarar a completa devastação
que fizemos à nossa psique e ao planeta,
e sábios e humildes o bastante para nos voltarmos
para o Divino, dentro e fora de nós,
a fim de aprender o que nos será necessário
para seguir adiante.

— Andrew Harvey

Sermos humanos é uma experiência complexa, para dizer o mínimo. O despertar da nossa natureza espiritual nos dá uma perspectiva de ser humano que vai além do nosso espaço físico e de nossos desejos egoístas. Se, uma vez iniciado esse despertar, nós não nos redefinimos, enormes conflitos surgem na nossa vida; um dos maiores está relacionado com o orgulho. O orgulho é uma faca de dois gumes: precisamos nos sentir orgulhosos de vez em quando, mas ser orgulhoso pode significar ser obstinadamente apegado a um ponto de vista limitado. Podemos mudar a química do "sentimento" de orgulho, transformando-o em um amor consciente pelo divino que existe dentro de nós. Em vez de nos sentirmos orgulhosos por termos feito algo formidável, reconhecemos o Criador Divino e agradecemos por sermos dotados com a capacidade de transformar o mundo com amor, por meio da orientação dos céus. Em outras palavras, reconhecemos constantemente que nosso tempo aqui na Terra é devido à graça de Deus. É tempo sagrado, e nos encontramos em solo santo, sendo nosso corpo como um templo no qual habita a Luz de Deus.

Etimologicamente, a palavra *humilde* significa perto do solo, e vem de *humus*, o termo em latim para Terra. Não há como ignorar o quanto somos humildes — o quanto, na verdade, estamos perto do chão. A vida humana é uma experiência terrestre. O húmus, o solo da Terra, é o que nos sustenta. Nosso corpo é feito dos mesmos elementos do solo em que construímos casas, pavimentamos estradas, destruímos florestas e criamos conforto para a nossa sobrevivência. Podemos passar a maior parte de nosso tempo aqui, tentando escapar de uma forma ou de outra, mas a verdade é que a raça humana tem muito pouca chance de sobreviver se não houver uma transformação espiritual maciça nos valores — se não deixarmos de lado o orgulho excessivo de pensar que os seres humanos são todo-poderosos. A Mãe Natureza nos humilha o tempo todo. Terremotos, tempestades e uma compreensão básica de suas leis naturais nos fazem perceber o quanto somos impotentes diante do nosso planeta, sempre em transformação. Às vezes, podemos sentir medo enquanto contemplamos essas forças terríveis.

O medo pode nos enfraquecer, ou ser um fator positivo de motivação. Quando não lidamos com o medo no nível consciente, ele nos leva a uma atitude arrogante. Por exemplo, o medo de sermos magoados pelas pessoas pode fazer com que nos tornemos racistas, se não mudarmos a química desse medo. Qualquer tipo de medo pode, de certo modo, ser uma verdadeira ameaça; contudo, quando voltamos nossa vida para Deus, o medo da ameaça fica pior que a ameaça em si mesma. Isso não significa que nos tornaremos completamente invulneráveis às más intenções. Uma das coisas que faz os anjos chorarem, que enche a terra de tristeza, é quando os seres humanos usam seu livre-arbítrio para magoar intencionalmente aos outros e a si mesmos. Ser humilde também é reconhecer os próprios medos e compreender a verdade de que a vida é cheia de perigos. O que é maravilhoso é o fato de que, com a força de Deus dentro de nós, esses perigos podem fornecer o verdadeiro combustível que nos leva à grandeza, especialmente quando rezamos para isso. A oração pode transformar o medo em humildade e coragem.

Os sinais vitais do planeta estão num estado crítico, e tudo o que fazemos e pensamos tem influência sobre o curso do nosso querido planeta. Se você acha que formas-pensamento negativas não exercem um efeito desastroso sobre o planeta, simplesmente porque os pensamentos não são palpáveis, então você está enganando a si mesmo e está cheio de falso orgulho. Nossos pensamentos e desejos estão modelando o planeta a cada dia. O ódio é uma energia que penetra na psique do mundo e faz os anjos chorarem. Se essa idéia não é suficientemente forte para convencê-lo de que o ódio tem um impacto, então eu não sei o que pode ser. Não estou escrevendo sobre isso para fazer com que você se sinta mal com relação a si mesmo ou por ser humano. Pelo contrário, estou chamando a atenção para uma das coisas mais importantes que acho que nós, como indivíduos, podemos fazer para "salvar os seres humanos". Trata-se de sermos humildes o suficiente para nos voltarmos para dentro de nós mesmos e realizarmos um pouco de alquimia eficaz na forma de trabalho interior, tema do próximo capítulo. Se estamos do lado de Deus e dos anjos, Deus estará do nosso lado, e os anjos serão nossos companheiros. Mas, se optamos por ir contra nossa natureza, desobedecendo as leis espirituais, então Lúcifer, o arcanjo caído, será o nosso guia. Essa opção agora nos é apresentada — as trevas e a luz são bastante polarizadas — mas temos de estar alertas e conscientes ao escolher a direção a tomar.

Acho que o nosso primeiro vislumbre real de que estamos despertos, conscientes, vem por meio da humildade. A humildade, como a gratidão, é uma essência alquímica poderosa. Quando de fato nos tornamos humildes, e nos ajoelhamos no solo sagrado, então somos elevados em espírito a alturas inimagináveis. Às vezes, precisamos descer antes de poder subir. Com freqüência, temos de nos voltar para dentro antes de poder agir conscientemente no mundo exterior. A humildade é um processo contínuo ao qual devemos nos tornar acessíveis, e a melhor forma para isso é por meio da oração, da comunicação com Deus. A oração feita com humildade e gratidão proporciona um caminho alquímico direto para o ouro espiritual. Prepare seu solo interior e dê ao húmus de sua alma a humilde fertilidade de que ele precisa para presenteá-lo com os verdadeiros tesouros do céu.

Torne-se Humilde Sem se Humilhar

- Reze para saber a diferença entre humilhação e humildade, e respeite esse limite, principalmente nas suas relações com os outros.
- Às vezes, rezamos de joelhos como um ato de humildade. Visualize a si mesmo rezando ajoelhado, ou de fato se ajoelhe. Se tiver um oratório ou um altar particular, ajoelhe-se diante dele. Reze para Deus na forma do Divino Feminino, o que quer que isso possa

significar para você. Pense em humildade e no que isso significa para você, e peça para que a Sabedoria Feminina lhe conceda a graça da humildade. O lado feminino de Deus diz "Tu podes" em vez de "Tu deves". Contemple a essência desse "Tu podes". Deixe que isso permeie a sua alma e, então, agradeça. Isso criará alquimia na sua alma humilde.

- Torne-se humilde com o conhecimento de que você é uma parte de Deus, e observe como você trata Deus em si mesmo. A humildade sincera inclui reconhecer a verdade de que toda a vida é uma só, de que toda a vida é parte de Deus, e isso inclui você. Você se trata como faria com Deus? Respeite sua luz interior; ela está aí porque você é filho de Deus. Lembre-se também de que a sua humildade é dirigida a Deus, não à humanidade. Devemos ser humildes na luz, não nas trevas.

Leonard Cohen, ao comentar essa idéia, nos deixa com algumas imagens notáveis em sua *In the Eyes of Men*: "Mas ele cai, radiante, em direção à luz na qual ele cai. Eles não podem ver quem o sustenta enquanto ele cai, ou como a sua queda se transforma e ele mesmo se espanta até que seu coração clama para abençoar aquele que o ampara em suas quedas. E em sua queda ele ouve o coração bradar; seu coração lhe explica por que está caindo, por que teve que cair, e ele se deixa cair. Abençoado és tu, amparo dos que caem.

Ele cai no céu, ele cai em meio à luz, ninguém pode prejudicar sua queda; oculto em sua queda, ele encontra o lugar, ele se recolhe. Enquanto seus cabelos flutuam e suas roupas se rasgam ao vento, ele é amparado, confortado; ele entra no local de sua queda. Abençoado és tu, braços que cingem aqueles que caem, alicerce de luz, senhor da casualidade humana."

PARTE TRÊS

O Espírito Santo Interior

O Fogo de Deus

No âmago do nosso ser
Queima uma chama divina.
O Espírito Santo vive em cada um de nós.
Conhecer a nós mesmos,
fazer nosso trabalho interior,
Leva-nos à serenidade da paz mental.
Uma vez alcançada a paz mental,
Encontramos também coragem e força interior.
O amor arde como uma cálida
chama no nosso coração,
eternamente avivada pelo alento de Deus.

A Alquimia do Trabalho Interior

"Conhece-te a ti mesmo"

Pelo mistério deste trabalho interior
as trevas se transformam em luz.
O caos e a confusão do nosso inconsciente
... gradual e miraculosamente revelam
um centro de consciência mais elevado que
nada mais é do que a nossa mais íntima essência,
"a face que tínhamos antes de nascer".
Esse é o Eu, a Criança Divina,
que sempre esteve presente dentro de nós,
embora oculta sob camadas de ego e condicionamento.

— Llewellyn Vaughan-Lee

A oração é uma forma de terapia e de trabalho interior. Quando rezamos, começamos a mudar nossa química num nível interior, quer tenhamos ou não consciência disso. Atualmente, três coisas essenciais nos são exigidas espiritualmente: permanecer despertos, conhecer a nós mesmos e desenvolver uma confiança ilimitada em Deus. Certa vez perguntaram a Buda: "O senhor é um anjo?" Buda respondeu:

"Não." Em seguida lhe perguntaram. "Então o senhor é um Deus?" Mais uma vez Buda respondeu: "Não." "O que o senhor é, então?", perguntaram. "Eu sou simplesmente alguém desperto", ele respondeu. Se você conhece a história de Buda, então você sabe que ele teve que realizar um grande trabalho interior, encarando de frente seus "demônios" interiores e suas ilusões, para alcançar esse estado desperto, que não é alcançado facilmente.

Algumas vezes, evito usar a palavra *trabalho* ou, quando a uso, traço uma barra em seguida e escrevo *trabalho/diversão*. Não sou contra o trabalho, mas às vezes a idéia que temos dele nos dá uma sensação de derrota antes mesmo de começarmos. Trabalho significa como e para onde direcionamos a nossa energia. A diversão também diz respeito a direcionar a energia, e nosso "trabalho" pode assumir uma nova química quando deixamos que nossa energia para o trabalho tenha um caráter lúdico e exploratório. É possível que o território que mais tememos explorar seja a nossa individualidade e o interior da nossa mente, da nossa alma. Talvez seja até uma ironia, mas talvez precisemos da maior coragem que já tivemos na vida para nos encarar e conhecer a nós mesmos. E temos a opção de nos divertir com tudo isso.

Quando rezamos visando uma transformação, não provocamos necessariamente em nós mudanças aparentes. Pelo contrário, passamos a mergulhar ainda mais dentro de nós mesmos, sofremos uma metamorfose para nos transformar na borboleta do provérbio. As sementes de borboleta existem em nós desde o princípio. Então chega um momento na vida de cada pessoa em que criamos as condições adequadas para permitir que essas sementes germinem e se desenvolvam, até se tornarem as magníficas criaturas que somos. Às vezes, nossa alma faz com que saibamos que é o momento para a transformação. As oportunidades para levarmos uma vida menos superficial, mais consciente e mais significativa cruzam o nosso caminho a todo instante. Quando tivermos consciência de nós mesmos e de nossos padrões, reconheceremos e ouviremos as mensagens que nossa alma nos envia. Consciência significa estar atento, consciente, cônscio — estar a par do que está acontecendo nos níveis internos e externos do nosso ser. Conhecer algo significa que temos consciência disso e admitimos que tenha muitos níveis de manifestação. A consciência é o instrumento mais importante de que o homem dispõe no que se refere ao crescimento espiritual, pessoal e físico. A cura acontece por meio da consciência. A razão pela qual a consciência é tão poderosa está no fato de que, uma vez que tenhamos consciência de algo, não podemos mais voltar atrás e agir da mesma forma. Para realizar nosso trabalho interior, precisamos de uma consciência audaz e da intenção de permanecer plenamente despertos por meio da dor e da alegria. Ganhamos coragem quando, pela oração, criamos uma profunda ligação com Deus. Desse modo, podemos pedir que a transformação aconteça e estar prontos a evoluir. Agora, voltemos à questão da dor. Como sabemos, o crescimento pode ser doloroso, mas as dores do parto trazem a alegria do nascimento.

Quando eu tinha uns cinco anos de idade, uma das orações que eu fazia com mais ardor era um pedido a Deus para que livrasse todas as pessoas de toda a dor causada por tudo o que pudesse magoar. Eu estava especialmente preocupada com a dor física e esperava que minhas orações fizessem chegar o tempo em que, ao cair de bicicleta e esfolar o joelho, eu não sentisse dor. Certa noite, meu pai estava ouvindo minhas orações quando me ouviu fazer esse pedido. Ele me explicou gentilmente o quanto é importante sentir dor ao nos machucarmos, pois, dessa forma, podemos cuidar do machucado e evitar que ele piore enquanto o ajudamos a sarar. Ele disse também que era importante sentir dor em certas situações, para que não as repetíssemos. Eu não posso afirmar que, aos cinco anos de idade, eu tenha entendido completamente a essência dessa nossa conversa sobre a dor, mas ela permaneceu comigo e, finalmente, pude compreender muito claramente a importância da dor.

No ano passado, uma janela despencou sobre minha mão esquerda, esmagando dois dedos. Como isso aconteceu num sábado de manhã, eu sabia que não encontraria meu médico. A idéia de ser atendida num pronto-socorro me causava forte aversão. Esse "pequeno" acidente aconteceu num momento bastante crítico. Eu precisava entregar uns trabalhos referentes a um curso que eu estava fazendo, e tinha um importante livro para escrever, além de ter, como de costume, uma longa lista de "coisas a fazer". Entrei em choque com a dor terrível nos dedos machucados e com o *stress* emocional decorrente das implicações do que isso iria significar na minha vida. A primeira coisa que fiz foi tomar uma ducha; eu só queria estar dentro da água. Depois, telefonei para uma amiga e lhe contei o que tinha acontecido. Ela sugeriu que eu tomasse algumas gotas de Rescue, um dos Florais de Bach (em que eu de fato acredito), e também passasse um pouco do floral nos dedos. Depois de fazer isso, resolvi tirar uma soneca.

A tentativa de cochilar trouxe-me um problema inusitado. Eu sentia tanta dor que dormir parecia algo impossível, e tinha que manter minha mão numa determinada posição; caso contrário, ela latejava como se fosse se desprender do meu braço. Em seguida, o que fiz foi acalmar a minha mente, fazer uma oração e me concentrar na verdadeira origem da dor. Não foi fácil, mas persisti nisso até sentir que eu estava em completa sintonia com a dor que vinha dos nervos lesionados dos meus dedos. Ao chegar a esse ponto, adormeci. Claro que eu não estou sugerindo que todo mundo faça como eu; com certeza há momentos em que é preciso ir ao pronto-socorro. Mesmo no meu caso, vários amigos acharam que eu fui louca por não ter procurado um. Na manhã de segunda-feira, quando finalmente fui ao meu médico, ele me mandou descer ao térreo para fazer uma radiografia. O radiologista disse ao médico que não podia entender como eu tinha agüentado passar o fim de semana sem tomar fortes analgésicos, pois as fraturas dos meus dois dedos eram tão graves que a maioria das pessoas teria desmaiado de dor.

Estou usando a minha história como uma metáfora do que somos capazes de fazer com a dor. A alquimia acontece quando nos concentramos no ferimento com a finalidade de obter a cura. Ao direcionar a minha atenção para a região de dor mais intensa, minha dor diminuiu o bastante para que eu pudesse dormir. Quando optamos por curar — quando decidimos nos tornar sãos, "inteiros" — temos de levar em conta tudo o que somos, e nossos ferimentos também são partes vivas de nós. Em vez de tentar eliminá-los e ignorá-los, considere a possibilidade de pedir que eles lhe tragam compreensão e ensinamento. Se você está com alguma dor física, ou passando por um problema emocional, deixe que eles se resolvam juntando-se a eles. Os sentimentos não são barômetros que indicam os verdadeiros momentos de encarar a realidade; eles passam e se transformam. Reze, não para que a dor passe, mas para que você de alguma forma aceite a mensagem que ela traz, da mesma forma que faria com a mensagem de um anjo. A dor não dura para sempre; ela é como o broto que se forma na árvore frutífera, e sua flor perfumada é alegria. Não colheremos o fruto se cortarmos o broto da dor.

Quando rezamos voltados para o trabalho interior, estamos rezando para conhecer todas as partes de nós. Diz o ditado: "Conheça a si mesmo e você saberá como viver." Emerson disse certa vez: "Confie em si mesmo: todo coração vibra ao tocarmos essa corda interior." Existem muitos caminhos que levam ao eu, e várias partes de nós esperando para serem reconhecidas. Estamos aqui para ser nós mesmos, e nossa beleza vem à superfície quando nos sintonizamos com nossa centelha de vida divina, uma centelha que brilha à sua própria maneira especial.

No seu livro *Love and the Soul,* Robert Sardello escreve: "A beleza não é uma qualidade fortuita da rosa, mas é a rosa sendo uma rosa, fazendo o que uma rosa faz. A individualidade atua de forma semelhante; isto é, ela não é algo que alguém tenha ou mesmo seja, não é um indivíduo. A individualidade é uma ação — a ação de dar forma à conscientização de criar e interiorizar a essência de cada momento de experiência, de dotar a experiência de reverência e amor, individualizando assim o que se apresenta à consciência." Precisamos entender que, quando rezamos, independentemente do que estamos pedindo, em algum lugar da nossa psique uma voz clama pela transformação que leva à individualidade, ao conhecimento de nós mesmos.

Temos sempre à nossa disposição ferramentas interiores, mas ferramentas nada podem construir quando não são usadas. Manter um diário é uma ótima maneira de conhecer a nós mesmos. Contar a nossa história, a nossa verdadeira história, é importante, pois isso pode curar outras pessoas quando nos aventuramos rumo à essência de quem somos. Ocorre uma alquimia instantânea ao se *encarar* o medo, em oposição a evitá-lo ou ser paralisado por ele. Podemos começar compartilhando nossos temores com Deus, por meio da oração. Podemos pedir mais coragem numa determinada situação, força e fé para nos elevarmos acima de qualquer coisa que nos pareça ameaçadora. Trata-se de algo bastante simples, mas muitas pessoas parecem incapazes de fazê-lo. No início, realizar o trabalho interior e encarar as partes de nós que desconhecemos são um pouco como aprender a nadar quando se tem medo de água. Portanto, aborde a situação cuidadosamente. Conheça as propriedades da água antes de experimentá-la e de se pôr a nadar. Não desça ao porão, a menos que tenha construído uma sólida fundação para a sua casa. Nossa vida precisa de um alicerce, e nós o conseguimos quando rezamos e passamos a conhecer Deus à nossa própria maneira especial.

Outro importante instrumento para o trabalho interior é a consciência onírica. Todas as noites, antes de dormir, reze para ter sonhos "de cura". Temos, todas as noites, acesso às partes mais profundas da nossa consciência e a oportunidade de dar total liberdade à nossa imaginação, pois, enquanto dormimos, não há meios de nossa mente desperta usar suas táticas de controle. Se você puder se habituar a se lembrar de seus sonhos e anotá-los, ficará surpreso com as mudanças que ocorrerão na sua consciência quando acordado.

O ritual também é um instrumento de cura eficaz quando feito com a intenção de restaurar o equilíbrio. Ele pode ser muito simples, ou pode envolver uma cerimônia cheia de detalhes. O ser humano é naturalmente ritualista; realizamos pequenos rituais o tempo todo sem nos darmos conta disso. Às vezes ignoramos os rituais quando mais precisamos deles. Quando estou num dilema e quero mudar a química de uma situação, faço um ritual. Rezo com o objetivo de criar uma sensação de espaço sagrado e, em seguida, simplesmente começo a dialogar com a parte de mim que parece estar escondendo as causas reais do "problema". Em geral, eu escrevo enquanto desenvolvo esse processo; outras vezes, eu tomo nota mentalmente.

Eis o exemplo de um diálogo desse tipo: "Estou diante de um portão. Pergunto: 'Quem é o meu guia hoje? Quem aí tem uma mensagem para mim?' Não recebo nenhuma resposta e, sendo assim, digo quais são as minhas intenções. 'Vim em busca de uma definição para os meus sentimentos e de uma visão do meu compromisso com o destino.' Um falcão aparece e pergunto: 'Qual é a verdade que eu não estou conseguindo ver claramente, Falcão?'" Assim que tenho uma idéia da natureza do meu guia, várias revelações interessantes começam a surgir na minha mente, e minha energia muda por completo.

Se conhecemos um caminho certo e seguro para chegar a algum lugar, é possível que nunca nos aventuremos fora dele, e nele uma revelação ou uma experiência que poderia mudar nossa vida talvez estivesse aguardando. Na vida, é natural que busquemos segurança — uma maneira segura de ser valentes. Poucos de nós se dispõem a se aventurar nos becos escuros de nossa alma onde se esconde uma visão da nossa magia, pois sabemos que existe a chance de sermos queimados pela chama que arde dentro de nós. Precisamos descobrir como usar nossos recursos interiores, e conseguimos isso por meio das lições que nos sujeitamos a aprender. A chama que arde em nossa alma serve para nos manter despertos, vivos e aquecidos. O fogo precisa de ar para queimar. Se mantivermos nossa chama interior muito fora de alcance, ela não terá ar suficiente para queimar e o nosso espírito começará a atrofiar. A escolha é nossa: podemos acordar e ter "olhos para ver e ouvidos para ouvir", ou podemos manter partes de nós adormecidas e deixar de sentir o verdadeiro êxtase de Deus.

A meta principal deste capítulo é estimulá-lo a integrar sua vida interior à vida exterior que você percebe por meio dos sentidos. O trabalho interior nos traz entendimento. Quando nos conhecemos no nível mais profundo, conhecemos Deus. Saiba quem está dentro de você. As respostas para suas orações podem ser encontradas quando você se aventura no seu interior e reconhece todos os aspectos que o fazem ser quem você é. A mudança alquímica verdadeira acontece à medida que você olha para dentro de si mesmo usando o ingrediente mágico — o amor. Quando amamos alguma coisa, vencemos todos os desafios.

Jornada Rumo ao Seu Centro

- Reze com o intuito de obter força para se voltar para dentro de si mesmo e ligar-se às suas dimensões interiores. Aprenda a reconhecer o seu campo de energia e preste atenção aos padrões que você pode querer mudar. Lembre-se de que a meta do trabalho interior é conhecer Deus e, conseqüentemente, conhecer e confiar mais em si mesmo, e alcançar um estado de paz mental.

• Mantenha um diário para registrar seu trabalho interior; ele pode servir como uma pedra de toque para o resto da sua vida.

• Preste atenção aos seus sonhos. Uma forma de interpretar os sonhos é levar em consideração todos os personagens de seus sonhos como partes de si mesmo e, então, tentar "apropriar-se" deles.

• Uma forma de começar um diálogo imaginário-ativo é perguntar à sua dor o que ela quer de você, ou pedir que um guia venha responder às suas perguntas. Se você está conversando com uma parte de si mesmo que não lhe é familiar, pode ser preciso uma grande quantidade de energia para fazer com que ela fale. É preciso coragem para entrar em contato com as partes desconhecidas de si mesmo, mas esse processo coloca-o frente a frente com a sua magia especial.

• Rainer Maria Rilke, em *Cartas a um Jovem Poeta*, escreveu: "Uma obra de arte é boa se tiver nascido da necessidade. Na natureza dessa origem repousa o julgamento que dela fazemos: não existe igual. Portanto, meu prezado senhor, não sei de outro conselho a lhe dar a não ser este: volte-se para dentro de si mesmo e explore as profundezas onde nasce a sua vida; na sua origem, você encontrará a resposta para a pergunta: você *precisa* ou não criar? Aceite-a, tal como a receber, sem questionar. Talvez lhe seja revelado que você foi escolhido para ser um artista.

Assim, cumpra esse destino e tenha-o como seu, seu fardo e sua grandeza, sem nunca questionar qual recompensa pode advir de fora. Pois o criador deve ser um mundo para si mesmo, e encontrar tudo dentro de si." Pense sobre essa citação enquanto reflete sobre as maneiras pelas quais o seu trabalho interior pode enriquecer sua rotina de orações.

A Alquimia da Paz Mental

Para Gerar Serenidade

Não importa a arte que você queira aprender
— quer sejam acrobacias ou tocar violino,
oração mental ou jogar golfe, interpretar, cantar,
dançar, ou o que for —
existe uma coisa que todo
bom professor irá sempre dizer:
Aprenda a combinar descontração e atividade;
aprenda a fazer o que você tem de fazer
sem esforço;
trabalhe com afinco, mas nunca sob tensão.

— Aldous Huxley

Você costuma ter aquela sensação de desconforto, de não se sentir à vontade no seu corpo? Quando isso acontece, a maioria de nós sente angústia e agitação circulando pela corrente sanguínea. Tudo parece nos aborrecer; nossa alma parece inquieta e nosso espírito assombrado como um cavalo selvagem em meio a uma tempestade. Como costumava dizer um amigo da família, Vern Faulstich, "É hora de levar seu navio para águas calmas". A angústia provoca ansiedade e às vezes parece ter vida própria. Quando vem nos visitar, ela procura um lugar no nosso corpo para se estabelecer. Pode se instalar nos ombros e nos dar uma sensação de tensão; pode se remexer no nosso estômago e causar azia. Ela procura perturbar a nossa mente. Quando vem nos visitar, ela traz uma mensagem. Trata-se de uma mensagem pessoal, mas que sempre indica que é hora de rezar por paz interior, organizar alguns assuntos e queimar o lixo.

Quando a angústia aparece, geralmente temos vontade de sair correndo e passar o tempo na companhia de outras pessoas, ou de nos dedicarmos a alguma atividade para que esse sentimento se vá. Isso só serve para alimentá-lo. A melhor forma de darmos menor espaço à angústia na nossa consciência é ficar a sós com ela e trazer paz para preencher os espaços que ela quer ocupar. Ao fazer o que parece mais difícil, mudamos a química. Quando nos sentimos inquietos, é como se uma ventania estivesse agitando a nossa chama interior. Imagine como seria isso. Algumas coisas que você não deseja que queimem poderiam pegar fogo, e o vento poderia soprar a chama para longe das coisas que mais precisam de calor.

Quando isso acontece, o primeiro e mais sábio passo que podemos dar é começar a rezar e visualizar a paz sagrada de Deus acalmando nossa alma e nosso espírito, trazendo bem-estar ao nosso corpo, e serenando nossa chama interior. Depois disso, estaremos em condições de prestar atenção às mensagens que podemos receber e que nos inspirem a ter fé e paz interior.

A ansiedade pode ser resultado de medos não expressados. Ao rezar, exponha os seus medos, não importando quão pequenos ou grandes eles sejam. A preocupação e a ansiedade dizem respeito ao futuro, mas gastam energia no presente. Jesus disse: "Quem de vós, por se preocupar e estar ansioso, pode acrescentar um só côvado à sua estatura ou à duração de sua vida?" (Mateus 6:28). Quando estamos preocupados, precisamos refletir sobre o que exatamente a preocupação está fazendo por nós. É importante que não nos repreendamos severamente por estarmos preocupados, pois há muitas coisas que naturalmente nos fazem ficar preocupados. A atitude mais sábia é transformar a preocupação em pensamento criativo e, depois que tiver terminado de pensar sobre ela, deixar que ela se vá em suas orações.

Enquanto eu escrevia este capítulo, minha amiga Jai contou-me uma história, sem saber que eu estava escrevendo sobre preocupação. Eu tinha dito a ela que não consigo parar de me preocupar quando alguém que amo está viajando. Ela concordou comigo, dizendo que é difícil a gente não se preocupar, mas acrescentou "ou você tem preocupação, ou tem fé; você não pode ter as duas coisas ao mesmo tempo".

Então ela me contou sobre a primeira vez em que de fato teve de escolher entre preocupação e fé. Seu filho tinha seis anos de idade, e eles viviam no alto de uma montanha. Certo dia, ele quis descer a montanha de bicicleta para visitar um amigo. Ela sabia que tinha de dizer sim, mas logo que ele pegou a estrada e ela entrou para lavar a louça, seu coração foi tomado pelo medo. Ela simplesmente sabia que algo de ruim iria acontecer a seu filho. Então, teve a sensação de que Deus estava lhe mandando uma mensagem com o seguinte pensamento: "Não projete medo na situação; deixe que aconteça e deposite sua confiança em Deus." Bem, o filho dela chegou ao pé da montanha, embora tenha de fato caído e machucado o joelho. Ele montou de novo na bicicleta e continuou até chegar à casa do amigo. Ao voltar para casa, mostrou seus músculos a Jai, e ela viu os primeiros sinais de sua masculinidade tomando forma. Foi um dia importante para ambos.

Não é tão difícil fazer as pazes com nossas preocupações quando realmente entendemos os meios pelos quais Deus atua. O processo de ficar preocupado é na verdade pior para nós do que um acontecimento realmente traumático, pois diante de um fato real usamos nossos recursos para lidar com o que está acontecendo no momento. Quanto menor a preocupação que precede um acontecimento inquietante, tanto maior a energia disponível que temos para voltar a máxima atenção possível à situação. Com freqüência surgem obstáculos à nossa paz mental, pois nos preocupamos com coisas que não podemos controlar, tais como o destino das outras pessoas, o clima ou circunstâncias que simplesmente são o que são. Nesses momentos, é importante rezar para nos libertarmos das nossas preocupações, para "deixar tudo nas mãos de Deus". Lembre-se sempre de que você tem uma fonte inesgotável de criatividade, pronta para ser usada no momento em que você precisa agir em resposta a qualquer situação.

Para alcançar um estado de paz mental, podemos rezar e nos abrir para sentir contentamento. O contentamento é um estado de espírito que acompanha a paz interior. Quando estamos contentes, sentimos um grande bem-estar em nossa mente, corpo, espírito e alma. Temos uma profunda sensação de satisfação que não depende de circunstâncias externas, tais como ganhar mais dinheiro ou ter uma quantidade maior de bens materiais. Essa satisfação vem lá do fundo, porque sabemos que Deus se vale de muitos meios. Uma vez alcançado esse grau de bem-estar, saberemos que podemos senti-lo sempre que quisermos. Quando compreendemos que somos capazes de acalmar nossa mente e estabelecer uma ligação com Deus, em qualquer lugar, a qualquer hora, podemos passar a sentir contentamento não importando o que esteja ocorrendo ao nosso redor.

Diz um provérbio chinês: "Somente os contentes são magnânimos." Ser magnânimo significa ter bons princípios, ser generoso, digno e estar sempre disposto a perdoar, jamais sendo mesquinho. A raiz latina da palavra *magnânimo* significa grandeza de ânimo. A palavra *magnífico* tem a mesma origem, e significa realizar grandes feitos. Na Bíblia, Maria diz: "Minha alma magnífica [engrandece] o senhor." Cultivar a magnanimidade é como pulverizar pó de ouro sobre nossa chama espiritual interior. Quando deixarmos que um pensamento elevado, sublime, e um comportamento generoso alimentem o nosso centro, magnificaremos o senhor e, da forma mais natural, realizaremos grandes feitos. Nossa vivacidade nos precederá, e os anjos irão à nossa frente, espalhando faíscas divinas de inspiração pelo caminho, para que o mundo presencie.

Quando de fato nos dispomos a deixar nas mãos de Deus nossas maiores preocupações, alcançamos a serenidade. A serenidade combina as qualidades da aceitação, da gratidão, da tranqüilidade e da profunda paz. Um momento de verdadeira serenidade nos dá mais sabedoria e graça do que qualquer outra coisa. A serenidade nos fornece a base de que precisamos para amar verdadeiramente a partir do centro do nosso coração. Apreciar o encanto do silêncio coloca-nos perto da serenidade em nossa vida. O silêncio é mais que ausência de barulho. O silêncio é a paz de Deus, o batimento do coração de Deus. Só podemos conhecer o silêncio quando aquietamos a mente: "Fique tranqüilo e saiba que Deus está dentro de você."

Serenidade — a Chama que Nunca se Apaga

• Encontre um lugar na natureza de que você goste e procure ir lá. Enquanto estiver nesse lugar, ouça o silêncio da natureza. Deixe que a natureza penetre em sua alma e fale com você. Apaixone-se por uma árvore.

• Acalme-se e tome um banho de amor. Reze de hora em hora para ter paz interior, e você verá mudanças ocorrendo na sua alma. Aprenda a ficar sozinho e a gostar da sua própria companhia; ame a si mesmo. Aprecie os momentos de solidão. Saiba que o silêncio é pura magia.

• Aprenda a levar a paz com você por toda a parte. Saiba que quando você está com aqueles que têm a alma inquieta, um pequeno fulgor de sua serenidade os acalmará. Peça aos anjos que o ajudem a penetrar na consciência daqueles que cruzam o seu caminho e que precisam de paz no coração.

• Pense a respeito da idéia de ser afável. Ser afável significa ter um pensamento despreocupado, jovial e tolerante. A afabilidade faz parte da sua natureza; é costumeira e vem de uma mente calma e centrada. É natural. Podemos da mesma forma ser bem-humorados, o que também significa ser jovial, mas o bom humor tem mais a ver com o nosso espírito (e humores) do que com o nosso temperamento inato. A questão é que a paz interior influi profundamente na nossa natureza, e traz coisas boas.

• Deixe que sua alma engrandeça, glorifique, louve e exalte o senhor!

A Alquimia do Poder Pessoal

Sensibilidade Transformadora

Vós sois o sal da terra,
mas se o sal perdeu seu sabor
— sua força, sua qualidade —
como pode sua salinidade ser restabelecida?
Não presta mais para nada,
senão para ser lançado fora
para ser pisado pelos homens.
Vós sois a luz do mundo.
Não se pode esconder uma cidade
situada sobre um monte.
Nem se acende uma lâmpada e se coloca
debaixo do cesto de medida,
mas no candelabro
e assim ela brilha sobre todos na casa.

— Mateus 5:13-15

Nossa sensibilidade pode ser o nosso maior bem se tivermos a força de Deus dentro de nós, ou pode nos exaurir lentamente até nos tornarmos imprestáveis, assim como o sal do qual falamos acima.

A oração pode nos dar a força necessária para que a nossa luz brilhe e os meios para superar nossos medos com relação ao que as outras pessoas podem tentar fazer à nossa luz.

Todos nós carregamos conosco uma presença característica. Essa presença tem a ver com o momento presente; estar presente significa que estamos aqui agora, despertos e vivos, sendo nós mesmos. A presença é uma resposta autêntica à vida. Não existe meio de mentir para Deus em nossas orações e ações. Quando somos autênticos, somos a nossa própria autoridade e nos tornamos o autor da nossa própria vida. É daí que vem o nosso poder pessoal. Para nos sentirmos fortes na vida, em contraposição a sermos vítimas, a todo momento precisamos confrontar nossa sensibilidade e nossas reações pessoais e fortalecer nossa presença com o amor de Deus.

Você alguma vez já achou que é sensível demais para viver na Terra? Você já cogitou que ser sensível é uma desgraça? Bem, a sensibilidade é na verdade um dom sagrado. No entanto, é difícil apreciar e proteger o dom inato da sensibilidade num mundo turbulento e muitas vezes agressivo. Podemos transformar a química da nossa sensibilidade em força e poder pessoal, quando usamos o instrumento da oração. As pessoas sensíveis com freqüência assumem mais encargos do que podem suportar, pois captam os sentimentos dos outros e querem reagir a eles. Essas pessoas percebem as nuanças de cada situação. É como se a dor dos outros estivesse gritando para elas, pedindo atenção.

Portanto, o que podemos fazer quando nos sentimos impotentes numa situação que envolve um membro da nossa espécie? Podemos rezar para o nosso anjo da guarda, que está sempre pronto a estabelecer uma ligação com o anjo da guarda da outra pessoa, e ajudar a resolver a situação para o bem maior de todos. Assim como gostamos de ajudar os outros quando uma desgraça acontece, nossos anjos também gostam de ajudar uns aos outros. Assim, se enviarmos orações por meio do nosso anjo da guarda, ondas de amor abençoam e mudam a situação. Precisamos ter discernimento para saber quando devemos ajudar outras pessoas ou nos envolver em seus assuntos pessoais. Como pessoas sensíveis, temos profunda compaixão e queremos aliviar o sofrimento dos outros. Esse é de fato um gesto nobre, mas pode acabar causando mais sofrimento se não formos cuidadosos. Resgate uma vítima, e você poderá tornar-se uma vítima da vítima. Ajude demais as pessoas na sua vida profissional, e você estará roubando-lhes a oportunidade de fazer as coisas por elas mesmas. Quando tentamos fazer as coisas acontecerem para os outros, impedimos que os anjos ajudem a estar exatamente onde precisam estar.

Em certas culturas aborígines, uma das piores

ofensas ou crimes que se pode cometer é o roubo de sonhos, o que pode fazer com que o culpado seja punido com a expulsão da tribo. Um exemplo de roubo de sonhos seria eu lhe falar sobre o que gostaria de fazer no futuro, e você dizer: "Ah, mas isso é impossível", ou "Esta é a idéia mais louca que eu já ouvi!" Bem, tenho certeza de que você pode ter uma idéia de quanto o roubo de sonhos é comum na nossa cultura, e com certeza não há leis contra isso. Existe outro crime que geralmente cometemos na nossa sociedade. Trata-se do roubo da dor. A dor é o que nos ensina e o que molda o nosso caráter. Cada vez que tentamos aliviar a dor das outras pessoas, tiramos-lhes a oportunidade de descobrir uma mensagem que vem da sua própria alma. Essa é uma idéia enganadora e precisa de uma grande dose de reflexão e consciência para ser posta em prática. É tão difícil lidar com o nosso sofrimento e a nossa dor emocional quanto presenciá-los nos outros. Mas, independentemente da situação, existem alguns momentos em que as pessoas precisam aceitar a sua própria dor, e nós somos sábios o suficiente para lhes dar a liberdade de fazer isso. Se os outros estiverem tentando culpá-lo pela própria dor, e especialmente nesse caso, esse é um sinal para deixá-los cuidar de si mesmos.

Procure chegar ao ponto em que os infortúnios e os assuntos particulares dos outros não adquiram um significado pessoal ou tragam à tona seu próprio drama particular. Deixe que as pessoas aceitem a própria dor sem que você as livre dela ou sofra com algo que não lhe pertence. Não roube o sofrimento alheio. Não temos que nos projetar na tragédia dos outros; isso afasta a verdadeira força de que precisamos para evocar o bem maior por meio de nossas orações. Para agir com compaixão, pense no que Deus faria. Não tente consertar as coisas de imediato quando você pode não compreender exatamente o que está quebrado.

É importante que entendamos o que é óbvio a respeito de energia. Existem muitas formas de se entrar em desequilíbrio energético com os outros. Entender e reconhecer essas formas ajuda a poder evitá-las. Quando procuramos obter uma dose da energia de outra pessoa, parte dessa energia vem para nós. Algumas vezes as pessoas nos doam um pouco da sua energia, ao nos pedir conselhos ou nossa ajuda numa situação, e com freqüência isso acaba por nos exaurir. O segredo é saber que toda energia vem de Deus; recarregar a nossa bateria interior significa nos dirigirmos a Deus antes de tudo para captar energia.

Algumas pessoas são agitadoras; outras são pacificadoras. Às vezes é difícil reconhecer os agitadores, pois eles se disfarçam de pessoas interessantes ou altamente conscientes e parecem se importar com a paz de todos. Em algumas ocasiões, é possível que os agitadores nem mesmo tenham noção de que exercem um efeito perturbador nos outros; talvez eles só saibam que gostam de provocar confusão. De alguma forma, o drama é criado em torno deles. Se deixarmos, os agitadores nos esgotam. É nossa responsabilidade reconhecer o sentimento que temos pelos outros e, então, decidir como lidar com isso e como reagir, lembrando-nos de que podemos controlar o comportamento alheio. Agitar significa perturbar e causar ansiedade. Para saber se outros estão provocando agitação na sua vida, pense em como você se sente depois de uma simples discussão com eles. Que sentimentos eles despertam em você? Pense nos sentimentos que você desperta neles. Paz ou aborrecimento?

Acima de tudo, é importante que as pessoas sensíveis façam o que é mais difícil para elas: pensar em si mesmas em primeiro lugar, o que na verdade é pensar primeiro em Deus. Você tem dons os quais está aqui para desenvolver. Ninguém sai ganhando quando esses dons são desperdiçados em tentativas frustradas de salvar os outros, ou quando você se sente bombardeado pela vida. Se mantivermos nossa chama interior saudável e forte, seremos capazes de atravessar as ondas de tensão e incerteza, até chegar à praia do amor. Se estivermos fora de equilíbrio, cairemos na arrebentação e nos debateremos desnorteados. Mantenha-se forte e com vigor. Você carrega uma grande responsabilidade por ser sensível: você é parte de uma força que luta para evitar que a beleza e o amor sejam extintos do nosso planeta. Os anjos estão aqui para ajudar, e Deus o ama. Sua sensibilidade é de fato um dom quando você reza a fim de obter discernimento. Use a oração como um caminho seu rumo à compaixão. Toda vez que sentir necessidade de ajudar alguém, em primeiro lugar reze com fervor para que a atitude mais elevada e correta seja tomada.

Para Conforto de Sua Alma Sensível

Beleza

• Eu só consigo ter inspiração para escrever quando sei que estou mergulhada em beleza. A beleza é uma força que cura; é a energia dos anjos dançando em nosso espírito. Reze para conhecer e praticar a beleza à sua própria maneira.

Música

• Não se esqueça da dança cósmica, da linguagem do coração, do coro dos anjos. Se você precisa de uma mudança instantânea na química, ponha uma música bonita para tocar e deixe que sua alma dance e estabeleça uma ligação com esse amor surpreendente. Irradie-o para outras pessoas. Uma música bonita é uma oração imaculada.

Repouso

• Repouse o suficiente. Dormir nem sempre é repousante. Pense sobre o repouso verdadeiro. Dê uma cochilada repousante quando for necessário. Vá para o seu espaço particular e aprenda a fazer intervalos repousantes, afastando-se do barulho do mundo exterior. Cerque-se com a paz de Deus, rezando para repousar profundamente. Deixe que o amor de Deus o envolva e dissolva todas as suas preocupações.

PARTE QUATRO

UM RESPEITO VERDADEIRAMENTE INSPIRADO

A Inspiração é o Alento de Deus

Guiados pelos anjos,
Somos inspirados a encontrar
nossa energia interior.
Praticamos a verdadeira compaixão
De comportamento amoroso e de generosidade.
Compartilhamos a alquimia da oração
E criamos mais amor no mundo
A partir de um lugar de profundo respeito.
Tornamo-nos a oração em ação.
O Amor está no ar;
Respire profundamente.
Fique tranqüilo e saiba no seu coração
Que Deus sempre está presente dentro de você.

A Alquimia do Comportamento Amoroso

Compaixão

As coisas mais importantes da nossa vida
Não são fantásticas ou grandiosas,
São os momentos
em que tocamos uns aos outros,
quando nos tratamos
da forma mais atenciosa ou carinhosa possível.

— Jack Kornfield

Se eu tivesse de escolher, entre os conceitos deste livro, o que eu mais gostaria que as pessoas entendessem, seria a simples verdade de que Deus responde ao amor que irradiamos e guardamos no nosso coração. Sem amor, nada do que fazemos para Deus brilha. Talvez todos nós saibamos disso, mas será que vivemos dessa forma? Uma maneira de não perder isso de vista é imaginar que, no final da vida, Deus fará a seguinte pergunta: *Qual foi a qualidade do seu amor?* Você pode também se deparar com outras perguntas: Você arriscou alguma coisa para amar? Você viveu plenamente, dançou e cantou quando estava inspirado, deu o melhor de si ao mundo? Duvido que Ele nos pergunte quanto dinheiro ganhamos ou quantos negócios ambiciosos realizamos.

O amor é um modo de agir e também uma opção. Trata-se de algo que precisamos demonstrar aos outros, e *agir* de acordo quando somos profundamente movidos pela sua força. Com freqüência iniciamos relacionamentos antes de querermos de fato amar. Parece que não entendemos o que realmente está contido no amor. Podemos pensar que estamos prontos para ser amados, que o amor fará tudo por nós e que podemos simplesmente nos sentar e captar seus raios. Em seu livro *Love and the Soul*, Robert Sardello comenta sobre a freqüência com que esperamos ser levados pelo amor quando, na verdade, temos que estar *criando* amor. Ele escreve: "Estamos entrando num período, numa época, em que o amor precisa ser criado; e criado não somente com relação ao outro, mas com relação ao mundo."

Analise por um momento como você gosta de receber. Você gosta de ser adulado e venerado, ou aprecia atos simples de demonstração de afeto que você sabe que provêm do coração do outro? Muitas vezes deixamos que a nossa mente, e não o nosso coração, determine a forma de recebermos amor. Nossa mente quer uma prova de amor; nosso coração simplesmente reage ao amor. Se esperam de nós que criemos amor, é melhor começar aprendendo a amar. Precisamos abrir o nosso coração. Se a porta para o seu coração está emperrada, arrombe-a; seu coração está pronto para se expandir e amar, e ele chora silenciosamente quando você o ignora e mantém a porta fechada.

Quando nos encantamos com os belos momentos passados entre nós e aqueles a quem amamos, é tentador querer possuir a beleza, experimentá-la e apropriar-se dela de alguma forma. Quando encaramos o amor como algo a ser possuído, entramos num jogo de poder. Carl Jung certa vez disse: "Onde reina o amor, não há desejo de poder; e onde o desejo de poder é predominante, falta amor. Um não é nada mais do que a sombra do outro." Quando entendermos que a beleza e a luz que vêm nos visitar são provenientes de Deus, saberemos que não há necessidade de as possuirmos; elas vêm livremente até nós todas as vezes que estamos de fato querendo amar, e mantêm um espaço aberto em nosso coração para que Deus se junte a nós.

Por que às vezes parece tão difícil demonstrar amor e aproveitar esse precioso dom da vida que nos foi dado? Todos nós temos muitos motivos, mas não existem justificativas verdadeiras, pois podemos de fato "construir uma ponte e passar por cima" de nossos problemas pessoais se assim quisermos. Mesmo se tivermos recebido da vida as piores cartas possíveis, há sempre a possibilidade de surgir um coringa. Existem muitos exemplos de pessoas que tiveram contra si todas as probabilidades e ainda assim deixam para trás um rastro de amor e inspiração, aonde quer que vão; portanto, acho difícil acreditar que existem pessoas que simplesmente não podem agir a partir de um verdadeiro espaço de amor.

Sempre há à nossa volta pessoas que venceram as dificuldades, superaram a si mesmas, e encontraram um meio de ser verdadeiramente amorosas e indulgentes mesmo em meio às circunstâncias mais terríveis. Não estou falando sobre ser amável com estranhos; isso é fácil demais. Refiro-me a ser gentil e amoroso, da forma mais sincera, com aqueles que estão mais perto de nós, aqueles sobre os quais temos maior influência. Lembremos que a gentileza é sincera; não se trata apenas de satisfazer as necessidades dos outros, mas estar lá por eles por amor. A oração nos ajuda a encontrar essa química.

Pensar que podemos amar sem compaixão é como pensar que podemos comprar amor numa loja. A compaixão é o desejo de que os outros sejam felizes e não sofram, embora o radical da palavra signifique "sofrer com". O grau em que podemos demonstrar verdadeiramente compaixão pelos outros depende de como aceitamos o nosso próprio sofrimento. Para compreender a compaixão, precisamos em primeiro lugar sentir profundamente o nosso próprio sofrimento e solidão, e então saber que os outros têm esses mesmos sentimentos. Há momentos em que podemos estar tristes ou nos sentir deprimidos, e não conseguimos encontrar um motivo externo para isso. Nesses momentos, precisamos aceitar a tristeza, quer ela tenha ou não um motivo. Sentir-se mal por estar se sentindo mal não é muito produtivo. Mesmo quando estamos tristes, podemos ser uma presença amorosa para os outros, se formos sinceros.

Reconhecer a ligação de nossa alma com a compaixão leva-nos à consciência de que precisamos ter um profundo respeito por nós mesmos antes de podermos entrar em contato com os outros e tratá-los com compaixão e bondade. O Dalai Lama disse: "Cada um de nós tem responsabilidade por toda a humanidade. É hora de pensar nas outras pessoas como verdadeiros irmãos e irmãs, e de nos preocuparmos com o seu bem-estar, com o alívio do seu sofrimento. Essa é a minha simples religião. Não há necessidade de templos, nem de filosofias complicadas. O nosso cérebro, o nosso coração é o nosso templo; a filosofia é a bondade."

O oposto da compaixão é o ódio. Como pudemos alguma vez pensar que, odiando os outros e punindo-os pelo que fizeram, poderíamos de alguma forma remediar uma situação? Tratar o ódio com mais ódio e magoar as pessoas que nos magoam só perpetua a dor. Isso acontece por toda a parte na nossa sociedade:

a bondade é rara; a desarmonia impera. É importante perceber que a crítica, uma prima mais dócil do ódio, é fatal para o espírito humano. Qualquer sociedade que tenha designado algumas pessoas para ser críticos está em apuros. Temos de lutar contra o impulso de criticar. Eu me pego sendo crítica com relação a coisas e pessoas quando não há de fato necessidade disso. Portanto, preste atenção aos seus pensamentos de crítica e, quando você for criticado pelos outros, peça em oração para que as palavras sejam transmutadas e elevadas a partir do seu espírito.

A oração nos fornece um caminho rumo a uma profunda resposta de compaixão. Nossa capacidade de ter compaixão liga-nos à alma do mundo de um modo muito forte, e a combinação de compaixão e oração pode mudar o mundo num instante. Quando a alquimia da compaixão toma conta do nosso coração, até mesmo o mais horrível crime contra nós pode ser perdoado. Perdoar não significa que temos de esquecer; nossa energia é mais bem empregada quando estamos dispostos a perdoar e a encontrar compaixão no nosso coração, em oposição a esquecer o que é errado. Nem sempre é sábio esquecer o mal que nos é feito. Podemos encontrar um meio de amar o pior de nossos inimigos e, ao fazer isso, enviaremos uma onda de amor tão puro para o coração do mundo, que em toda a nossa volta o chumbo começará a brilhar como ouro. Porém, essa alquimia não acontecerá sem oração. Precisamos da ajuda de Deus para amar nossos semelhantes, e pensar que podemos fazer isso sozinhos reflete um falso orgulho.

A compaixão nos inspira reverência, um profundo respeito pela vida. Quando temos essa reverência, não nos é possível explorar os outros; honramos a vida e estabelecemos uma ligação com a essência da energia vital. As pessoas reverentes sabem que existe algo bem no fundo de cada ser vivo que traz o espírito de Deus, alguma coisa que é sagrada. Reverência implica aceitação profunda — sem se julgar se algo é ou não sagrado. Isso significa que estamos honrando a "natureza de Buda" em todas as coisas, sabendo que cada qual tem o seu objetivo sagrado.

Com a compaixão, não somente queremos aliviar o sofrimento dos outros, mas também queremos que eles tenham felicidade. Essa dimensão sagrada da compaixão indica que também precisamos de felicidade. Com freqüência, parece que a verdadeira felicidade é a coisa mais difícil de ser alcançada. Quando você se sente bem longe da felicidade, esse é o momento de rezar e dizer a Deus que você quer *conhecer* a felicidade, entender a natureza de ser feliz. Se você continuar rezando em ação de graças e com fé para que a essência da felicidade entre na sua vida, ela entrará. A felicidade tem o seu próprio ritmo; ela pode parecer esquiva, mas sempre chega na hora certa. Nossas orações dão início às mais gloriosas oportunidades para a mudança; nossa única tarefa é deixar de tentar controlar ou definir a parte "gloriosa". Tudo o de que precisamos é ter confiança.

Não existe uma forma fácil de sair da vida; se você optar por dormir e ignorar a vida e o amor, então você não encontrará nada além de decepção e arrependimento depois desta vida. Sempre achei irônico que as pessoas que de fato viveram e amaram a vida têm uma morte mais fácil do que aquelas que viveram com medo e amargura e nunca aproveitaram seu tempo aqui. Poderíamos pensar que as pessoas que amaram este lugar teriam maior dificuldade em se desapegar, mas em geral não é isso o que acontece. É mais fácil deixar um lugar quando você sabe que deu o melhor de si e tem uma sensação de "plenitude" com relação a isso. Uma vida boa se origina das raízes do bom comportamento. Não é fruto da inveja ou do ciúme, ou de uma sensação de ressentimento por você não estar conseguindo aquilo que julga merecer ou que deseja da vida.

Se você quer ser amado, esteja disposto a amar. Descubra por si mesmo o que de fato significa amar bem e livremente, e então assuma esse risco. Se quiser saber se é amado por outra pessoa, pergunte a si mesmo se você se sente amado e observe os padrões de comportamento. O amor é demonstrado, sentido, e é visível de formas sutis, embora intensas. Podemos declarar nosso amor com palavras, mas se não existe uma ação para sustentar as palavras, o amor não tem como se propagar. Palavras sem amor saem de nós e seguem para o universo onde são armazenadas com o restante de nossas belas palavras. Abra todos os seus sentidos para o amor. Reze para que seu coração se abra e para que você possa amar, e então ame de novo. Saia lá fora e ame um pouco mais!

Abra-se para o Amor

- Todos os dias ao rezar, faça a você mesmo a pergunta definitiva: "Como eu tenho expressado o meu amor?" Deixe que sua resposta exprima o modo pelo qual você trata a si mesmo e aos outros diariamente.
- Nas suas orações, peça para entrar em contato com o coração para agir com amor e compaixão.
- Ouça a inspiração da voz de Deus dizendo-lhe como se abrir para o amor.
- Seja honesto consigo mesmo quando sentir que não está amando, e se volte para seu mundo interior a fim de descobrir as razões disso. Deixe que a química mude quando for necessário. Para agir com honestidade é preciso que encaremos honestamente os nossos sentimentos. Pense no que bloqueia o seu amor e, em seguida, peça a Deus para remover esses bloqueios. Será que não é algum mal que lhe foi feito e que você não consegue perdoar? Você foi prejudicado demais pelo "amor" e por isso não pode sair e amar um pouco mais? Se for isso, investigue se foi amor verdadeiro o que o prejudicou. Eu duvido que tenha sido.

Mais uma vez, reze para obter a cura de Deus, de modo que você possa abrir o seu coração para o amor.

• Quando você se sente "apaixonado", lembre-se de deixar um pouco de ar entrar para que você não seja sufocado. Tenha em mente que estar "apaixonado" pode ter pouco a ver com a verdadeira disposição para amar. Por meio de suas orações, você pode pedir a ajuda de Deus para transformar a atração no verdadeiro amor da afeição, ternura e zelo.

• Contemple estas sábias palavras enquanto reza:

Amigo, saia em busca da verdade
enquanto está vivo.
Experimente
enquanto está vivo!
O que você chama de "salvação"
acontece antes de se morrer
Se você não soltar as amarras
enquanto está vivo,
acha que os fantasmas farão isso por você?
A idéia de que a alma chegará ao êxtase
simplesmente porque o corpo se decompôs —
isso é tudo fantasia.
O que se descobre agora é descoberto depois.
Se você não descobrir nada agora,
terminará simplesmente com um
apartamento vazio na Cidade da Morte.
Se você amar o Divino agora,

na próxima vida
terá o semblante do desejo satisfeito.

— Kabir

Sempre achei Madre Teresa uma figura particularmente inspiradora com relação à compaixão. Reflita sobre esse texto dela: "... é perdoando que somos perdoados..."

Devemos ter sempre em mente que a nossa comunidade não é composta por aqueles que já são santos, mas por aqueles que estão tentando tornar-se santos. Portanto, temos de ser extremamente pacientes com os erros e fracassos dos outros.

Nenhum de nós tem o direito de condenar quem quer que seja. Mesmo que vejamos algumas pessoas fazendo algo de ruim, não sabemos por que elas estão fazendo isso. Jesus pede que não julguemos. Talvez nós as tenhamos ajudado a ser o que são. Precisamos perceber que elas são nossas irmãs e irmãos. O leproso, o bêbado e o doente são nossos irmãos porque eles também foram criados para um amor maior. Isso é algo que nunca devemos esquecer. Jesus Cristo identifica-se com eles e diz: 'O que quer que vocês tenham feito ao menor de meus irmãos, fizeram a mim.' Esse leproso, esse alcoólatra e esse mendigo são meus irmãos. Talvez seja por não lhes termos dado a nossa compreensão e amor que eles estão nas ruas sem amor e cuidados."

A Alquimia de Ser Humano

A Experiência da Reverência

Sou feito de grandes coisas e de planos grandiosos,
de grandes instituições e de muito sucesso.
Sou em defesa daquelas pequeninas,
invisíveis e amorosas forças humanas que trabalham
de pessoa em pessoa, insinuando-se através das frestas do
mundo como tantas pequenas raízes, ou como os capilares
que vertem água, aos quais, se for dado tempo,
destruirão os mais sólidos monumentos do orgulho.

— William James

Existe uma antiga maldição chinesa: "Que você viva em épocas interessantes." Nós *estamos* vivendo em épocas interessantes. Estamos sendo amaldiçoados ou abençoados? Cabe a cada um de nós decidir. De qualquer maneira, acho que precisamos de uma ajuda urgente com relação ao modo como usamos o nosso tempo aqui, de forma que possamos evoluir, em vez de trilhar nosso caminho pela vida como sonâmbulos. O futuro da Mãe Terra depende das decisões que são tomadas por Deus a cada momento, e nós estamos criando juntos o resultado. Cada ação que realizamos e cada pensamento sobre o qual refletimos tem um efeito no panorama geral. É hora de voltarmos ao que é fundamental, e não de nos tornarmos mais supersticiosos ou cheios de medo. É o momento de compreendermos de verdade que *não há poder maior do que Deus, e que com Deus tudo é possível.* Não importa o quanto as coisas fiquem instáveis, ou quantas tragédias presenciemos, Deus está no poder e cada um de nós tem um anjo da guarda que nos conduz adiante na vida, e na morte. Existe um simples fio de amor que une toda a vida. Quando duvidamos de Deus ou projetamos na vida as nossas versões de tragédia, atraímos medo em vez de confiança. A oração nos estimula a confiar. Quando nos unimos a Deus, criamos uma sinergia poderosa, provocando uma mudança alquímica no planeta.

Você optou por estar aqui, agora, nesta época interessante. Você pode achar que essa foi uma decisão maluca, mas pense o quanto você é corajoso. Pense naquele espírito corajoso dentro de você que aqui veio para ajudar Deus. Pense nos dons que o habilitam a transmitir amor para o mundo. Alguns desses dons ainda precisam ser descobertos, mas já existem em você, e agora é o momento de descobri-los. Você está aqui para criar histórias de amor, para se ligar profundamente aos outros, para compartilhar amor, ajudar os anjos, compreender que a morte não é um castigo nem um final para o amor. Os anjos estão sempre esperando para ajudá-lo, em cada momento, a despertar e amar profundamente. Amar não é fácil, mas qualquer coisa que valha a pena ter causa um pouco de sofrimento. O nascimento é ao mesmo tempo doloroso e prazeroso. Tendo os anjos como parteiras, nascemos para a grandeza e somos rodeados por milagres.

Os milagres são abundantes, os anjos existem, e há sempre ao nosso redor provas da poderosa energia de Deus. Tudo o que precisamos fazer é abrir os olhos, a mente e o coração. Vemos a prova do poder de Deus nos mestres Qi Gong que, mantendo-se bastante tranqüilos e emitindo energia Qi pelos dedos, conseguem arremessar uma pessoa através da sala. Temos uma sensação de profunda compreensão toda vez que ouvimos algo sobre mudanças que os anjos realizam na vida de alguém. Os Programas de Recuperação ou dos Doze Passos mostram milagres diariamente. Deus não é mais uma palavra tabu. A oração é um medicamento poderoso. As ferramentas estão disponíveis, e temos a maioria das que precisamos para evoluir. Será que estamos usando as ferramentas, ou elas estão largadas por aí enferrujando? Você pode ter todas as ferramentas e materiais necessários para construir uma casa, mas nada acontece a não ser que você pegue as ferramentas e comece a usá-las. Faça da oração uma das ferramentas que você usa na sua vida diária, e você será abençoado de maneiras que aumentarão o seu respeito pela vida.

Você alguma vez pensou de fato sobre o alcance de ser humano? Considerou verdadeiramente o amplo espectro de todos os aspectos coloridos da natureza humana? Refletiu sobre os nossos instintos, a nossa beleza, a mágica que existe em nossas células, a natureza sagrada de nossa frágil psique, sobre como na verdade chegamos aqui? A maior parte do tempo, pode parecer bastante absurdo ser humano. Muitas pessoas perderam a fé no espírito humano, pois ele pode se voltar contra si próprio de formas que não conseguimos compreender.

Enfrentamos um grande desafio se optarmos por buscar um sentimento de bem-estar e felicidade. Surge a pergunta: Como posso ser feliz quando todos parecem estar sofrendo tanto, quando a maior parte do mundo está morrendo de fome e matando uns aos outros? Bem, essa é uma pergunta procedente, mas o fato é que o espírito humano está se esforçando para evoluir, independentemente das circunstâncias e dos julgamentos que possamos fazer a seu respeito. Talvez o fato de alcançarmos a nossa felicidade marque a alma do mundo de uma forma mais profunda do que qualquer outra coisa que possamos fazer.

Essa verdade é o aspecto mais importante da alquimia: estamos realmente aqui para evoluir e nos tornarmos melhores, talvez só um pouquinho melhores; mas se conseguirmos transformar pessoalmente mesmo uma partícula do nosso chumbo em ouro, o mundo de fato se tornará um lugar melhor. O problema, no entanto, é que é difícil evoluir se não abrigarmos um sentimento de felicidade na alma, e a felicidade parece tão esquiva. A piada cósmica é que a felicidade, na verdade, não é esquiva; ela está bem dentro de nós. Se fizermos da oração parte integrante da nossa vida e sentirmos gratidão, mesmo pelas menores bênçãos, daremos a essa felicidade um terreno fértil para florescer em nossa alma. A verdadeira felicidade é um estado de Deus, e vem sem motivo, sem lógica; ela simplesmente existe, e você a conhece pelo sentimento no seu coração. Quando a felicidade é um visitante habitual em nossa vida, não importa o que fazemos — estamos criando alquimia para a alma do mundo. Nosso pequeno espírito humano pode realizar coisas surpreendentes, e com freqüência não percebemos a magnitude do efeito que exercemos no mundo.

Mesmo que você não entenda tudo isso agora, comece a rezar por felicidade e não desista de suas orações. Também não tente atender às suas próprias orações. Deixe que Deus e os anjos cuidem disso; afinal de contas, eles são os peritos. De qualquer forma, o que é uma oração atendida? Às vezes, as orações são atendidas de imediato. Vi mudanças milagrosas acontecerem quase instantaneamente depois de rezar. Outras vezes, não reconheço a mensagem até bastante tempo depois do fato ocorrido. Na maioria das vezes, simplesmente tenho de continuar renovando minha confiança e fé de que Deus irá atender as minhas orações e, então, compreendo que o *Plano geral das coisas* está em andamento e que nossas orações são ingredientes importantes nessa grande mistura.

Há várias coisas que promovem a felicidade. Tudo o que falei neste livro favorece a felicidade. Aceitar a felicidade depende de você. Esse é um enorme desafio, mas você pode vencê-lo. Lembre-se de manter o senso de humor e sua capacidade de dar uma boa risada. Vá fundo e conheça a sua própria beleza. Aceite a vida que lhe foi dada e honre-a. Tenha respeito por quem você é neste exato momento. Cultive esse respeito por toda a vida. Faça isso à sua própria maneira criativa. Use a sua criatividade para reverenciar Deus. E lembre-se sempre de que a oração é realmente a estrada para a liberdade. Confie em si mesmo, comece a rezar e você saberá como viver de forma reverente.

Descubra a Reverência

- Pergunte a si mesmo como você rezaria todos os dias se Deus falasse com você e lhe dissesse que a sua principal razão de existir era se divertir e aproveitar a vida. Pergunte a si mesmo como você rezaria se visse Deus em cada rosto humano.
- Deixe que cada centelha de vida o preencha com profunda reverência e gratidão, e com o sentimento de que ser humano é glorioso. Os anjos o abençoaram com a verdadeira leveza de ser. Sinta-se realmente feliz sem nenhum motivo.

A Alquimia dos Nossos Ancestrais

Orações, Salmos e Versos que Inspiram

Das misteriosas regiões
de nossos ancestrais espirituais
vêm bênçãos profundas e sutis.

— S. Melikan

Você sabe como seus antepassados rezavam? Você sabe alguma coisa sobre eles? Uma coisa que falta para muitos de nós é a consciência da presença de nossos ancestrais na nossa vida diária. Digo "consciência" porque, percebidos ou não, eles estão conosco. Que herança espiritual eles nos deixaram? Como desenvolvemos os padrões deixados no nosso DNA? Que tipo de orações eles ofereciam a Deus?

Há muitas orações com as quais crescemos, ou que ouvimos e fizemos várias e várias vezes na vida. As orações que nos são passadas contêm palavras poderosas que podemos não ter examinado de perto. Talvez pronunciá-las tenha se tornado um ato mecânico, e é hora de nos sintonizarmos e sentirmos o verdadeiro significado que existe por trás dessas palavras tão familiares. Estou incluindo neste livro algumas orações de meus antepassados. Por eu ter uma formação basicamente cristã, apresento orações cristãs, mas a verdadeira natureza de qualquer religião é universal, de modo que espero que você perceba que elas falam a você, não importando qual seja a sua formação religiosa. Examine as tradições da sua ascendência espiritual e encare-as com novos olhos. É possível que você tenha antepassados de várias tradições. Dê início à sua própria coleção de preces, reunindo orações de diferentes tradições religiosas. Pense no que essas orações significam, quem as escreveu e no que elas lhe dizem a respeito da essência da oração.

Amém

Aprendi a terminar cada oração com as palavras "Em nome de Cristo, Amém". Durante anos, disse isso sem de fato pensar sobre o que elas significavam. Agora entendo que, quando pronuncio essas palavras, estou concordando com o mais elevado princípio da Consciência de Cristo; estou aumentando a força da minha oração ao concordar com Cristo. *Amém* significa aceder, expressar concordância e consentir.

O Pai-Nosso

O Pai-Nosso é uma oração que é rezada em todo o mundo, inúmeras vezes por dia. Aqui forneço a versão da Bíblia Ampliada. Jesus ensinou seus seguidores a usar essa oração, e disse: "Seu Pai sabe o que vocês precisam antes que Lhe peçam. Portanto, rezem desta maneira."

O Pai-Nosso

Pai Nosso que estás no céu, santificado seja o Teu nome.
Venha a nós o Teu reino, seja feita a Tua vontade, assim na terra como no céu.
O pão nosso de cada dia dá-nos hoje,
E perdoa as nossas dívidas, assim como nós perdoamos
[ofensas, assim como nós perdoamos a quem nos tem ofendido]
aos nossos devedores.
Não nos deixes cair em tentação, mas livra-nos do mal. Pois Teu é o reino e o
poder e a glória para sempre.
Amém.

Mateus 6:8-13

Energia da Mãe Divina

A quintessência do respeito e da compaixão é o Divino Feminino, a Divina Mãe, a face feminina de Deus, que diz "Podes" em vez de "Deves". Quando você quer ser acalentado, sentir a verdadeira essência de um amor que não impõe condições, nem faz exigências, dirija-se à Divina Mãe no céu. As orações a seguir, destinadas à Bem-aventurada Virgem Maria, têm sido usadas por inúmeras pessoas em momento de grande perigo, e numerosos milagres têm se sucedido.

Ave Maria, cheia de graça, o Senhor é convosco.
Bendita sois vós entre as mulheres, e bendito é o
fruto do vosso ventre, Jesus.
Santa Maria, Mãe de Deus, rogai por nós pecadores,
agora e na hora da nossa morte.

Salve, Rainha, Mãe de Misericórdia,
Vida, doçura e esperança nossa.
A vós bradamos, os degradados filhos de Eva.
A vós suspiramos,
Gemendo e chorando neste vale de lágrimas.
Eia, pois, Advogada nossa,
Esses vossos olhos misericordiosos a nós volvei.
E depois deste desterro,
Mostrai-nos Jesus,

Bendito fruto do vosso ventre.
Ó clemente, Ó piedosa, Ó doce Virgem Maria!

Oração do Anjo da Guarda

Considero preciosa esta oração para o meu anjo da guarda, desde que a aprendi quando criança.

Santo Anjo do Senhor,
Meu zeloso guardador,
Já que a ti me confiou
A piedade divina,
Me rege, guarda, governa, ilumina.
Amém.

A Oração de São Francisco de Assis

Esta oração de São Francisco fala ao coração sobre o poder alquímico da oração.

Senhor, fazei-me instrumento de vossa paz.
Onde houver ódio, que eu semeie amor.
Perdão, onde houver injúria.
Fé, onde houver dúvida.
Esperança, onde houver desespero.
Luz, onde houver escuridão.

Alegria, onde houver tristeza.
Ó Divino Mestre,
Permiti que eu não procure
Tanto ser consolado quanto consolar,
Ser compreendido quanto compreender,
Ser amado quanto amar,
Porque é dando que recebemos,
Perdoando que somos perdoados,
E é morrendo que nascemos para a vida eterna.

Marcador de Páginas de Santa Teresa de Ávila

Esta simples oração de Santa Teresa oferece súplicas à nossa alma. É profundamente reconfortante.

Que nada o perturbe,
Que nada o ameace:
Tudo passa
Exceto Deus;
E Deus por si só basta.

Salmos

Salmo é uma "canção" de louvor ao Senhor. Os salmos têm grande poder e podem ser usados como parte de um ritual diário de oração, pois nada tem tanta capacidade de estabelecer o equilíbrio como penetrar nas antigas leis de Deus. Com freqüência leio o Salmo 91 em reuniões sobre anjos, e certa vez uma senhora veio até mim depois da reunião e me contou uma bela história sobre esse salmo. Ela passara por uma situação bastante difícil na vida, e estava sofrendo uma terrível depressão, tão profunda que ela chegara a pensar em suicídio. Certo dia, chegou a seu pai e disse o quanto estava deprimida. Ele mostrou que entendia o que ela estava passando e lhe disse para prometer que, antes de fazer algo de drástico, ela iria ler o Salmo 91 todos os dias, durante um mês. Isso o havia ajudado numa situação semelhante. Ela assim o fez, e disse que isso mudou sua vida milagrosamente — essa é na verdade a experiência da alquimia da oração! O Salmo 23 também tem servido como uma oração alquímica para muitas pessoas através dos séculos.

Salmo 91 (Bíblia Ampliada)

1 Aquele que habita no esconderijo do Altíssimo descansará à sombra do Onipotente. [Cujo poder nenhum inimigo pode suportar]

2 Direi do Senhor: Ele é o meu refúgio e a minha fortaleza, o meu Deus, em quem [eu secretamente] confio.

3 Certamente, então, ele te livrará do laço do passarinheiro, e da peste perniciosa. [Então]

4 Ele te cobrirá com as suas penas, e debaixo das
suas asas estarás seguro; a sua fidelidade será
teu escudo e broquel. [Então]
5 Não temerás o terror noturno, nem a seta
[conspirações maldosas e calúnias dos perver-
sos] que voa de dia,
6 Nem peste que anda na escuridão, nem a praga
que destrói ao meio-dia. [Então]
7 Mil cairão ao teu lado, dez mil à tua direita,
mas tu não serás atingido.
8 Somente com os teus olhos contemplarás,
[inacessível no esconderijo do Altíssimo], e
verás a recompensa dos ímpios.
9 Se fizeres do Senhor o teu refúgio, e do Al-
tíssimo a tua habitação, [versículos 1, 14]
10 Nenhum mal te sucederá, nem praga alguma
chegará a tua tenda.
11 Pois aos seus Anjos [especiais] dará ordem a
teu respeito, para te guardarem em todos os
teus caminhos;
12 Eles te sustentarão nas suas mãos, para que
não tropeces em alguma pedra. [Lucas 4:10-11;
Heb. 1:14]
13 Pisarás o leão e a áspide; calcarás aos pés o
grande leão e a serpente. [Lucas 10:19]
14 Porque ele me ama, diz o Senhor, eu o livrarei;
pô-lo-ei num alto retiro, pois conhece o meu
nome [tem um conhecimento particular da mi-

nha misericórdia, amor e bondade; confia e
tem fé em mim, sabendo que eu nunca o abandonarei, não, nunca].
15 Ele me invocará, e eu lhe responderei; estarei
com ele na angústia, livrá-lo-ei e o glorificarei.
16 Dar-lhe-ei abundância de dias e lhe mostrarei
a minha salvação.

Salmo 23 (Bíblia Ampliada)

1 O Senhor é o meu pastor [para me alimentar,
guiar e proteger], nada me faltará.
2 Deitar-me faz em verdes pastos [frescos, macios], guia-me mansamente a águas tranqüilas, [Apoc. 7:17]
3 Refrigera a minha alma. Guia-me pelas veredas
da justiça [da integridade e da conduta certa
contigo — não em meu benefício, mas], por
amor do seu nome.
4 Ainda que eu andasse pelo vale [profundo e
escuro] da sombra da morte, não temeria mal
algum, porque tu estás comigo; a tua vara
[para proteger] e o teu cajado [para guiar] me
consolam.
5 Preparas uma mesa perante mim na presença
dos meus inimigos. Unges a minha cabeça
com óleo; o meu cálice [cheio] transborda.

6 Certamente que a bondade e o amor me seguirão todos os dias da minha vida, e habitarei na casa do Senhor [na sua presença] para sempre.

Crie Sua Própria Coleção de Orações

• Peça a parentes mais velhos que lhe falem de orações de que se lembram da juventude. Essa é uma bela maneira de estabelecer uma ligação com a tradição espiritual de seus antepassados.

• Compartilhe suas orações preferidas com seus amigos, e peça-lhes para fazer o mesmo.

• Os livros a seguir oferecem uma grande quantidade de orações de várias tradições:

Appleton, George. *The Oxford Book of Prayer*. Nova York: Oxford University Press, 1985.

Easwaran, Eknath. *God Makes the Rivers to Flow: Selections From the Sacred Literature of the World*. Tomales, CA: Nilgiri Press, 1991.

Penington, M. Basil. *Pocket Book of Prayers*, seleção e introdução de M. Basil Penington. Nova York: Image Books, 1986.

Roberts, Elizabeth, e Elias Amidon. *Earth Prayers From Around the World: 365 Prayers, Poems, and Invocations for Honoring the Earth*. São Francisco: HarperSanFrancisco, 1991.

• Anote as orações que são significativas para você num livro especial de orações. Este será um tesouro que lhe servirá de inspiração nos muitos anos que virão pela frente.

AGRADECIMENTOS

Querido Deus,

Obrigada pela oportunidade de escrever este livro e de compartilhar o amor que sinto pelo dom alquímico da oração. Obrigada por todos os momentos em que testemunhei grandes mudanças e exemplos do seu amor por meio da oração.

Obrigada por meus amigos e por minha família; a maior dádiva que tenho nesta vida é o amor deles, que carrego no meu coração.

Obrigada por minhas duas grandes amigas/irmãs e colegas escritoras que me ajudaram tremendamente com este livro: Shannon Melikan e Jai Italiaander. Elas mostraram um interesse especial por este livro e ajudaram na pesquisa e no desenvolvimento das idéias aqui apresentadas.

Obrigada pela equipe editorial da H J Kramer Inc. Hal e Linda Kramer são exemplos de excelência no campo editorial. Quando escrevo um livro com a assistência de Linda, eu de fato vivo o livro. Ela permite que a alquimia e o crescimento espiritual aconteçam e nunca apressa o processo de criação. Obrigada pela bênção de ter Nancy Grimley Carleton como minha editora; sua integridade, bondade e talento permitem que eu me aventure em direções nas quais, de outra forma, eu poderia não ir, pois sei que ela estará lá para esculpir as idéias como uma artista. Obrigada pelo forte apoio de Jan Phillips e Mick Laugs, que se certificam de que a mensagem chegue ao mundo.

Obrigada pelo apoio carinhoso de minhas amigas-irmãs e colegas escritoras: K. Martin-Kuri, Holly Phillips, Rochelle Duffy e Mary Beth Crain. Obrigada pelas idéias e sabedoria de meu colega de longa data, Mark Neely.

Obrigada pelo amor especial e pelo sentimento de integridade que Joe Kelly Jackson trouxe à minha vida.

Obrigada, Deus, pela bênção de ter verdadeiros amigos e uma família amorosa na minha vida; pois seu amor enriquece a minha vida com bom humor, experiências significativas e grandes mestres. Rezo para que cada ser humano na Terra possa sentir profundo amor e consideração, pois nada cria a alquimia mais naturalmente do que um verdadeiro momento de compaixão vindo de um companheiro humano.

Obrigada, Deus, por meu coração e minha alma, por meu espírito e minha mente, pelo meu corpo e energia vital, por todas as pessoas que nunca encontrei, mas que de muitas maneiras abençoaram a minha vida.

Querido Deus, que suas bênçãos sejam aceitas por todos os que lerem este livro.

Em nome de Cristo, Amém.

— Terry Lynn Taylor

OS ANJOS

GUARDIÃES DA ESPERANÇA

Terry Lynn Taylor

Os Anjos são mestres em tudo o que diz respeito à felicidade e querem o melhor para cada um de nós. Estão sempre dispostos a elevar o nosso espírito e a nos mostrar o lado alegre e divino de nossas experiências. As mensagens dos Anjos são aplausos que buscam nos conscientizar de nossa importância como seres humanos. Eles querem que nos sintamos como os integrantes de uma única e vasta família humana.

Os Anjos Guardiães da Esperança oferece uma ampla seleção de práticas que podem proporcionar-lhe mais alegria, amor, esperança, divertimento e aventura na sua vida diária. Através da compreensão dos princípios da energia desses seres superiores, você poderá aprender a

- comunicar-se com os Anjos através do pensamento e da confiança,
- reforçar o seu pensamento positivo,
- libertar a sua criança interior,
- trabalhar com os Anjos como guardiães de seus passos mais importantes,
- aprender a perdoar a si mesmo e a se desapegar,
- tornar-se um Anjo guerreiro,
- e muito mais.

Você irá amar este livro pela sua praticidade e eficácia. Ao lê-lo e ao aplicar as informações nele contidas, você irá colher as recompensas de uma vida em harmonia com o Reino Angélico e terá muito o que compartilhar com os outros.

* * *

Da mesma autora a Editora Pensamento já publicou *Anjos – Mensageiros da Luz.*

EDITORA PENSAMENTO

OS ANJOS
INSPIRADORES DA CRIATIVIDADE

Terry Lynn Taylor

Mensageiros da orientação divina, os anjos se comunicam conosco através da inspiração. Eles despertam a criatividade em nossa alma e abrem os nossos olhos para a luz que permeia o Universo. Ao tomar consciência da energia que os anjos querem compartilhar conosco, despertamos para a vital importância da auto-expressão e começamos a realizar nossos sonhos mais valiosos.

Segundo a autora, quando deixamos os anjos participar da nossa vida, começamos

- a descobrir a alegria da expressão criativa,
- a ampliar a idéia que temos acerca do que é criativo,
- a destruir os bloqueios que nos impedem de criar,
- a fazer a jornada rumo à auto-aceitação e à imaginação,
- a nos tornar espiritualmente mais receptivos.

Na opinião de K. Martin-Kuri, artista e famoso angelologista que prefacia este novo trabalho de Terry Lynn Taylor, "este livro é essencial para a nossa época; ele oferece um marco de orientação para aumentar nossas habilidades criativas de modo que contribuam para o progresso do mundo em que vivemos. Talvez, ao ler as suas páginas, muitos se inspirem a viver mais completamente na consciência do Criador Divino".

* * *

Da mesma autora, a Editora Pensamento publicou: *Os Anjos: Guardiães da Esperança*, *Anjos: Mensageiros da Luz* e *Os Anjos Respondem: Um Livro de Mensagens Angélicas.*

EDITORA PENSAMENTO

ANJOS
MENSAGEIROS DA LUZ

Guia para o crescimento espiritual

Terry Lynn Taylor

Os anjos, mensageiros da Divina Providência, estão sempre dispostos a ajudá-lo na criação do céu em sua vida; eles são o elo perdido da corrente de auto-ajuda e do processo de autodesenvolvimento e autoconfiança da humanidade.

Anjos, Mensageiros da Luz é um livro cujo propósito é expandir a sua consciência com relação aos anjos; é sobre conhecer e notar o comportamento dos anjos para que você possa incorporar a ajuda angélica na sua vida cotidiana.

Leia este livro como um guia para a descoberta do reino dos Anjos. Descubra maneiras de criar a consciência angélica e de atrair os anjos para a sua vida. Se o fizer, eles irão partilhar com você segredos que lhe ensinarão como driblar os inconvenientes causados pela tensão da vida moderna, pelo envelhecimento e pela gravidade.

EDITORA PENSAMENTO

OS ANJOS RESPONDEM

Um Livro de Mensagens Angélicas

Terry Lynn Taylor

"Este livro é uma coletânea maravilhosa das diferentes maneiras com que somos brindados com a ajuda, a inspiração e o toque muito especial dos anjos."

Dorothy Maclean, autora de *Comunicação com os Anjos e os Devas*, Editora Pensamento.

Os anjos são mensageiros da energia divina que permeia o Universo. A alegria que eles nos trazem é uma dádiva de Deus. Eles são os nossos ajudantes espirituais e querem nos ensinar a viver de acordo com os princípios mais elevados do Universo.

Os Anjos Respondem é o resultado de milhares de cartas que a autora recebeu de pessoas de todo o mundo que se beneficiaram com a ajuda angélica em diferentes situações de suas vidas. São cartas cheias de esperança e de inspiração e que compartilham temas que surgem como mensagem dos anjos, tais como:

- Não estamos sós.
- Somos protegidos.
- Tudo vai dar certo.
- Isso também vai passar.
- O caminho espiritual é de leveza e prazer.
- A vida ainda pode ser alegre e prazerosa, não importa o quanto o resto do mundo pareça sombrio.
- Alegre-se e não leve as coisas tão a sério.

* * *

Terry Lynn Taylor, autora de *Anjos — Mensageiros da Luz* e *Anjos — Guardiães da Esperança* publicados pela Editora Pensamento —, neste livro compartilha com o leitor as mensagens que nos permitem ver um lado da vida que aquece o coração e enche nossa alma de alegria.

EDITORA PENSAMENTO

A ORAÇÃO VIVA

Celina Fioravanti

A Oração Viva é um livro para as pessoas de fé, que acreditam, como a autora, que tudo pode ser transformado pela força de uma oração feita com o coração. As preces do livro levaram algum tempo para serem escritas; quase todas foram criadas à medida que havia necessidade de ajuda. Já nasceram com um uso determinado, bem prático, servindo para serem integradas à vida diária. Outras foram selecionadas de antigos devocionários como forças vivas e poderosas à disposição de quem as queira usar em benefício próprio ou dos outros.

Quem faz da oração seu caminho para unir-se a Deus recebe proteção, orientação, favores, força, saúde, luz e amor. E tudo isso de acordo com a exata medida de que necessita para ser feliz!

É através da prece que se afasta o mal. Quanto mais a humanidade orar, tanto mais haverá de se guardar das doenças e de todas as razões de sofrimento que a ameaçam. É sabido que a nossa civilização é sustentada por quatro coisas: o valor dos bravos, a cultura dos sábios, a justiça dos grandes e as preces dos virtuosos. São as preces daqueles que crêem, sejam de qualquer crença forem, que guardam o nosso mundo.

* * *

De Celina Fioravanti a Editora Pensamento já publicou: *Uma Parcela de Deus*, *Causas Espirituais da Depressão*, *Contato com Guias Espirituais*, *A Cura pelos Fluidos* e *Os Curadores do Espírito*.

EDITORA PENSAMENTO

PARA CHEGAR AO CORAÇÃO DO SENHOR

Orações Inspiradas nos Salmos de Davi

Yara Beduschi Coelho

"Foi por acreditar na bondade divina, no seu amor incondicional pela humanidade como um todo e por cada um de nós em particular, e por aceitar a palavra do Senhor como fonte de inspiração e verdade, que fui até a Bíblia buscar orações que me ajudassem a falar com Deus.

"Nessa busca, os Salmos surgiram como uma esperança de conhecimento, fé, poder e realização. Com a ajuda dos Salmos, acabei por encontrar minhas próprias palavras para orar, e passei a registrá-las. Essa inspiração me levou a reavaliar os meus sentimentos, a minha religiosidade e espiritualidade. Passei a acreditar no poder da oração, na bondade divina e, sobretudo, aprendi que Deus me ama e traça meus caminhos para que eu possa evoluir e elevar meu espírito na Sua direção.

"A orientação das preces contidas neste livro é no sentido de que primeiro *eu* melhoro, *eu* perdôo, *eu* amo o meu semelhante, para então receber a promessa de amor eterno de Deus. As preces são de luz e amor, de fé, perdão, harmonia, esperança e caridade."

EDITORA PENSAMENTO

Outras obras de interesse:

A PRECE DE TODAS AS COISAS
Pierre Charles

RENOVANDO TODAS AS COISAS
Henri J. M. Nouwen

PRECES ESPÍRITAS
Diversos

CURA ESPIRITUAL – Casos extraordinários de recuperação da saúde
Malcolm S. Southwood

A ENERGIA ESPIRITUAL E SEU PODER DE CURA
Dudley Blades

EXORCISMO – A Cura da Possessão Espiritual a Distância
Eugene Maurey

NOVAS DIMENSÕES DA CURA ESPIRITUAL
Frances Vaughan

RESPIRAÇÃO E ESPIRITUALIDADE (REBIRTHING) – Uma Técnica de Cura
Gunnel Minett

AS TERAPIAS INICIÁTICAS – Como alcançar o equilíbrio do corpo e do espírito
Henri e *Claudine Czechorowski*

AS PALAVRAS CURAM
Larry Dossey

DICIONÁRIO DAS RELIGIÕES
John R. Hinnells (org.)

AS VARIEDADES DA EXPERIÊNCIA RELIGIOSA
William James

O SERMÃO DA MONTANHA
Swami Prabhavananda

CRISTO – O AVATAR DO AMOR
Haroutiun Saraydarian

OS EVANGELHOS GNÓSTICOS
Elaine Pagels

Peça catálogo gratuito à
EDITORA PENSAMENTO
Rua Dr. Mário Vicente, 374 — Fone: 272-1399
04270-000 — São Paulo, SP